كتاب طبخ شقيق العظام الأساسي

100 وصفة شهية مع صور ملونة جميلة لمساعدتك على إعداد وجبات لذيذة ومغذية تغذي جسمك وروحك

ناديمحلا ةمطاف

جدول المحتويات

مقدمة

ما هو مرق العظام؟

تاناويحلا ماظع نم عونصم لئاس نع ةرابع ، مهسلأا أنايحأ هيلع قلطي يذلا ، ماظعلا قرم ضعب .قرملاو تاصلصلاو تابروشلل ساسأك قرملا ةاهطلا مدختسي .ماضلا جيسنلاو ةيلغملا .هدرفمب هنوبرشي سانلا

سانلا نأ ايجولوبورثنلأا ءاملع دقتعي .ةيرشبلا ةيادب ذنم ماظعلا قرم نوعنصي سانلا ناك .خيراتلا لبق ام روصع ذنم ىرخأ ةيناويح ءازجأو ماظعلاب ءولمم ًلائاس اوبرش

هناك 100 صورة ملونة (واحدة لكل وصفة) ، مما يساعدك على إنشاء أطباق تبدو جيدة كما هي.

باختصار ، الفوائد الرئيسية لمرق العظام هي:

A. إذا كنت تعاني من التهاب المفاصل أو أي آلام في المفاصل ، كما فعلت أنا بسبب جراحات الركبة بالمنظار والمسامير المزروعتين في كل ركبتي ، فإن شرب مرق العظام يدعم صحة المفاصل وقد يساعد في تقليل الانزعاج.

B. إذا كنت ترغب في الحصول على بشرة متوهجة من الداخل إلى الخارج ، فاستخدم مرق العظام لدعم صحة الجهاز الهضمي أولاً ، لأن جمالنا الطبيعي مرتبط ارتباطًا وثيقًا بأمعائنا.

C. إذا كنت حاملاً أو كنت على استعداد للحمل ، فبالإضافة إلى منتجات الألبان ، يعتبر مرق العظام أيضًا مصدرًا للكالسيوم. تذكري أنه إذا لم تحصلي على ما يكفي من الكالسيوم من نظامك الغذائي ، فلن يؤثر ذلك على نمو طفلك ، لأن طفلك سيأخذ الكالسيوم الذي يحتاجه من عظامك فقط.

D. يحتوي مرق العظام على الكولاجين الذي يساعد على منع علامات التمدد والتخلص منها بشكل طبيعي. لست بحاجة لتلك الكريمات باهظة الثمن يا ماما!

E. يعزز مرق العظام إزالة السموم مما يقلل من آثار المخلفات.

سمك و مأكولات بحرية

1. مرق عظم السمك

مكونات:

- 2 رطل من رأس السمكة أو الذبيحة
- ملح للتذوق
- 7 - 8 ليتر ماء + إضافة إلى السلق
- 2 إنش زنجبيل مقطع إلى شرائح
- 2 ملاعق كبيرة عصير ليمون

تعليمات:

a) لتبييض السمك: أضف الماء ورؤوس السمك في قدر كبير. ضع القدر على نار عالية.
b) عندما يغلي ، أطفئ النار وتخلصي من الماء.
c) ضع السمك مرة أخرى في القدر. صب 7-8 ليترات من الماء.
d) ضع القدر على نار عالية. أضف الزنجبيل والملح وعصير الليمون.
e) عندما يغلي المزيج ، خففي الحرارة وغطّيه بغطاء. ينضج لمدة 4 ساعات.
f) ازالة من الحرارة. عندما يبرد ، صفيه في وعاء كبير بمصفاة سلكية.
g) برد لمدة 5-6 أيام. يمكن تجميد المرق غير المستخدم.

2. انقلب

مكونات:
- 2 رطل ماكريل مخلل أو مملح
- 1 علبة حليب جوز الهند
- 1 بصلة مقطعة إلى شرائح رقيقة
- 3 فصوص ثوم مهروسة
- 1 طماطم مقطعة
- 2 بصل أخضر مفروم
- فلفل بونيه شرائح رقيقة
- غصن الزعتر الطازج أو المجفف
- 8 أكواب ماء

تعليمات:
a) قم بإزالة أي عظام من الماكريل وقطعها إلى قطع صغيرة.
b) ضعها في وعاء واسكب الماء المغلي فوق السمك لتغطيته.
c) اتركه لمدة 30 دقيقة ثم صفي الماء.
d) يُسكب حليب جوز الهند في مقلاة ويُضاف الثوم والطماطم. بصل أخضر ، فلفل بونيه سكوتش ، بصل و زعتر.
e) يُطهى المزيج حتى ينضج البصل ، ثم يُضاف جلد السمك إلى الأسفل ، ويُخفض الحرارة ، ويُترك على نار خفيفة حتى ينضج السمك تمامًا لمدة 10 دقائق تقريبًا.

3. مرق سلطة الكينوا البحرية

مكونات:

- 1 كوب كينوا غير مطبوخة
- 1 كوب مرق دجاج
- 1 (6 أونصة) ستيك تونة
- 8 أونصات روبيان متوسط الحجم مقشر ومنزوع العرق
- 1 ملعقة صغيرة بهار أولد باي
- ملعقة صغيرة فلفل أسود مطحون
- 1 أفوكادو مقطعة إلى مكعبات
- نصف كوب بصل أحمر مقطع شرائح رقيقة
- 2 فجل مقطع شرائح رقيقة
- 1 فلفل سيرانو مقطع شرائح
- كوب أوراق كزبرة طازجة مفرومة
- أسافين الليمون للتقديم

للتزيين:

- نصف كوب زيت زيتون بكر ممتاز
- 2 ملاعق كبيرة عصير ليمون
- 1 ملعقة كبيرة خردل ديجون
- 1 ملعقة صغيرة بهار أولد باي
- ملعقة صغيرة فلفل أسود مطحون

تعليمات:

a) توضع الكينوا في قدر متوسطة الحجم وتغطى بمرق عظم الدجاج. اتركيه حتى يغلي ، ثم خففي النار وغطيه واتركيه على نار هادئة لمدة 12-14 دقيقة أو حتى يتم امتصاص المرق بالكامل. ارفعيها عن النار واتركيها مغطاة لمدة 5 دقائق أخرى.

b) ادهني بعضًا من زيت الزيتون على كل جانب من شرائح لحم التونة. رشي عليها نصف ملعقة صغيرة بهار أولد باي ونصف ملعقة صغيرة فلفل أسود مطحون. اجلس جانبا.

c) ضعي الجمبري في وعاء متوسط الحجم ، وتبليه بملعقة صغيرة من توابل أولد باي ونصف ملعقة صغيرة من الفلفل الأسود المطحون. تخلط جيدا وتوضع جانبا.

d) دهن مقلاة أو صينية من حديد الزهر وسخنها على حرارة متوسطة إلى عالية. بمجرد أن تصبح صينية الخبز ساخنة ، ضعي الجمبري عليها في طبقة واحدة ، مع ترك مساحة لشريحة لحم التونة. يُطهى كل جانب من الجمبري لمدة دقيقتين دون إزعاج.

e) قبل أن ينضج الجمبري بدقيقة واحدة ، ضعي شريحة لحم التونة على صينية الخبز. احرق كل جانب لمدة 30 ثانية.

f) يُرفع التونة والروبيان عن النار ، ويُترك ليبرد ويُقطّع إلى مكعبات.

g) قطع الأفوكادو والبصل والفجل وفلفل سيرانو وقطع الكزبرة.

h) في وعاء صغير ، اخلطي مقادير التتبيلة جيداً.

i) ضع جميع المكونات في وعاء خلط كبير. اسكب الصلصة. اخلط جيدا.

j) تقدم مع شرائح الليمون.

4. بلح البحر مع صلصة النبيذ الأبيض

مكونات:
- 2 رطل بلح البحر
- 3 ملاعق كبيرة طماطم مجففة
- 2 ملاعق كبيرة زبدة غير مملحة
- 1 ملعقة صغيرة من رقائق الفلفل الأحمر
- نصف كوب بصل مقطع مكعبات
- كوب نبيذ أبيض
- 3 فصوص ثوم مفروم
- كوب مرق دجاج بالعظم
- ملح للتذوق
- أسافين الليمون والبقدونس للتقديم

تعليمات:

a) نظف كل بلح البحر عن طريق الشطف بالماء البارد. تحقق مما إذا كان بلح البحر الخاص بك قد تم إزالته بالفعل. (عادة ما يتم نزع قطع بلح البحر الذي يربى في المزرعة.) إذا لم يكن كذلك ، قم بإزالة بلح البحر عن طريق إزالة مجموعة من الخيوط البنية الخارجة من جانب بلح البحر. إذا رأيت أي بلح البحر مفتوحًا ، فاضغط عليه برفق على سطح الطاولة. تجاهل تلك التي لا تغلق. أيضًا ، تخلص من بلح البحر بقشره المتشققة.

b) تذوب الزبدة في مقلاة كبيرة ذات قاعدة عريضة أو قدر (بغطاء) على نار متوسطة عالية. يضاف البصل والثوم ورشة ملح. يقلى حتى يصبح نصف شفاف ، حوالي دقيقتين.

c) تُضاف الطماطم المجففة بالشمس ورقائق الفلفل الأحمر وتُقلى حتى تفوح رائحتها ، حوالي 30 ثانية.

d) ضع كل بلح البحر في المقلاة واسكب النبيذ الأبيض ومرق عظام الدجاج على بلح البحر.

e) قم بتغطيته على الفور بالغطاء واتركه يطهى لمدة 5 دقائق. رج المقلاة مرة أو مرتين مع الغطاء أثناء الطهي لتوزيع بلح البحر.

f) بعد 5 دقائق ، افتح الغطاء وافحص بلح البحر. يجب أن تكون جميعها تقريبًا مفتوحة الآن. تجاهل تلك التي لا تزال مغلقة. إذا كان لديك عدد كبير جدًا من الأغطية المغلقة ، فقم بإعادة الغطاء واتركه يطهى لمدة 1-2 دقيقة إضافية.

g) اعصري القليل من عصير الليمون وزينيه بالبقدونس المفروم وقدميه مباشرة من القدر أو قدميه مع السباغيتي بصلصة بلح البحر.

5. حساء السمك الصحي

مكونات:

- 1 رطل فيليه بلطي
- 1 رطل بطاطس صفراء
- 12 أوقية جزر
- 1 حزمة صغيرة من الكزبرة الطازجة
- كوب بصل أبيض مفروم
- 8 أكواب مرق دجاج عظم (4 كرتون)
- زيت زيتون ، ملح وفلفل
- 2 ملاعق صغيرة من توابل الخليج القديم
- أسافين الليمون للتقديم

تعليمات:

a) يسخن الفرن إلى 350 درجة فهرنهايت. قم بإذابة الثلج عن السمك واتركه حتى يجف بمنشفة ورقية. دهن السمك بزيت الزيتون. رش القليل من الملح والفلفل على كل فيليه.

b) توضع شرائح السمك المحضرة في طبق خبز دون تداخل. اخبزيها لمدة 14 دقيقة.

c) أثناء خبز السمك ، أضيفي مرق عظام الدجاج في قدر كبيرة واتركيه يغلي سريعًا.

d) قشر وقطّع الجزر والبطاطس. ضعيها في مرق العظام المغلي ، ثم اخفضي الحرارة إلى متوسطة إلى عالية. يُغطّى المزيج لينضج لمدة 15 دقيقة أو حتى تنضج الخضار.

e) انقل الخضار وما يكفي من المرق إلى الخلاط وأضف الكزبرة والبصل واخلطهم لمدة 10 ثوانٍ أو حتى يصبح المزيج ناعمًا. لقد صنعت الآن قاعدة حساء صحية.

f) أعد قاعدة الشوربة في نفس القدر.

g) استخدم شوكة لتقسيم السمك المطبوخ إلى قطع صغيرة ونقل قطع السمك إلى قاعدة حساء الشودير.

h) يُضاف توابل Old Bay ويُحرَّك جيداً. يُطهى على نار خفيفة لمدة 5 دقائق أخرى على نار متوسطة.

i) تقدم مع عصير الليمون والخبز المحمص.

لحم بقر ولحم ولحم

6. شوربة مرق اللحم البقري والخضروات

مكونات:

- 16 أونصة من صلصة الطماطم
- 1 فلفل أحمر حار
- 1 ملعقة صغيرة ملح
- 1 ملفوف مقطع
- 15 أوقية البازلاء الإنجليزية
- 1 رطل لحم بقري مقطع إلى مكعبات
- 1 ملعقة صغيرة فلفل
- 7 أكواب ماء
- 2 عظم مرق لحم البقر
- 4 حبات بطاطس مقطعة إلى مكعبات
- 4 حبات جزر مفرومة
- 17 أوقية ذرة كاملة

تعليمات:

a) امزج المكونات في وعاء كروكبوت.
b) يُطهى على نار خفيفة لمدة 3 ساعات.

7. مرق حساء جومو في قدر مرق

مكونات:

- 1 كوب بالإضافة إلى 1 ملعقة كبيرة خل أبيض مقطر مقسم
- 1 رطل من لحم بقري مقطع إلى مكعبات ومشمولة بالخل
- 2 لفت مفروم ناعم
- 1 قلنسوة سكوتش خضراء أو هابانيرو تشيلي
- 1 رطل لحم بقري مشوي مقطعة مكعبات ومشطوفة بالخل
- 1 كوب قاعدة توابل Epis
- 1 كوسة متوسطة الحجم مقشرة ومقطعة إلى مكعبات
- 3 حبات بطاطس خمري مفرومة ناعماً
- 3 ملاعق كبيرة عصير ليمون طازج
- 1 ملعقة كبيرة ملح متبل
- 15 كوب من مرق اللحم البقري أو الخضار ، مقسمة
- 1 رطل من عظام اللحم البقري
- 3 حبات جزر مقطعة إلى شرائح
- ½ ملفوف أخضر مقطع إلى شرائح رفيعة
- 1 بصلة مقطعة إلى شرائح
- 1 ساق كرفس ، مفروم خشن
- 1 حبة كراث ، بيضاء وخضراء شاحبة ، مفرومة ناعماً
- 1 غصن زعتر
- 2 ملاعق كبيرة زيت زيتون
- 1½ كوب ريجاتوني
- 6 فصوص كاملة
- 1 ملعقة صغيرة بودرة ثوم
- 1 ملعقة صغيرة مسحوق بصل
- 2 ملعقة صغيرة ملح كوشير + المزيد
- نصف ملعقة صغيرة فلفل أسود مطحون حديثاً ، بالإضافة إلى المزيد
- رشة فلفل حريف ، وأكثر من ذلك
- 1 غصن بقدونس
- 1 ملعقة كبيرة زبدة غير مملحة

ليخدم

- خبز مقرمش

تعليمات:

a) يُمزج عصير الليمون والملح المتبل وقاعدة Epis التوابل.
b) يُضاف اللحم البقري ويُتبل لمدة 30 دقيقة على الأقل أو طوال الليل.
c) في قدر كبير ، سخني 5 أكواب من المرق على نار متوسطة.
d) يُضاف اللحم البقري المتبل والعظام ، ويُغطى القدر ويُترك على نار خفيفة لمدة 40 دقيقة تقريبًا.
e) ضعي القرع في القدر فوق اللحم البقري وغطيه واتركيه لمدة 20 إلى 25 دقيقة أو حتى ينضج بالشوكة.
f) انقل الاسكواش إلى الخلاط. يُضاف 4 أكواب من المرق ويُهرس حتى يصبح ناعماً.
g) أعده إلى القدر واتركه على نار هادئة.
h) أضف 6 أكواب المرق المتبقية ، البطاطس ، الجزر ، الكرنب ، البصل ، الكرفس ، الكراث ، اللفت ، الفلفل الحار ، الريجاتوني ، القرنفل ، مسحوق الثوم ، مسحوق البصل ، الملح ، الفلفل ، قليل من الفلفل الحار ، وباقي الخضار.
i) ينضج لمدة 30 دقيقة.
j) أضف الزيت والزبدة وملعقة الخل الأخيرة.
k) يُطهى لمدة 15-20 دقيقة إضافية على نار متوسطة منخفضة ، أو حتى يصبح اللحم طريًا للغاية.
l) قدمي حساء المرق في أوعية مع الخبز على الجانب.

8. شوربة لحم بريسكت وكريشة

مكونات:
- 1 بصل أخضر مفروم
- 1 كيس من عظام ذيل الثور بما في ذلك اللحوم
- توابل حسب الرغبة
- 1 جالون ماء

تعليمات:
a) أضف ذيل الثور إلى وعاء يحتوي على الماء واتركه لينقع ، وإزالة الدم الزائد ، وتغيير الماء 2-3 مرات.

b) عندما تصبح جاهزًا ، أضف العظام إلى قدر كبير وقم بتغطيتها ب 1 جالون من الماء.

c) ضعه على الموقد واطهيه لمدة 6 ساعات على الأقل ، كلما طهيت لمدة أطول كلما كان المذاق واللحوم أفضل.

d) أثناء الطهي ، استمر في تقشير الزيت الذي يظهر في الأعلى ، وحافظ على مستوى الماء عند حوالي 1 جالون أثناء الطهي.

e) بمجرد الانتهاء من ذلك ، يجب أن يكون اللون كريمي المظهر.

f) صحح التتبيلة.

g) قدميها في أوعية مع ذيل الثور ونثر البصل الأخضر المفروم فوقها.

9. مرق ميسو

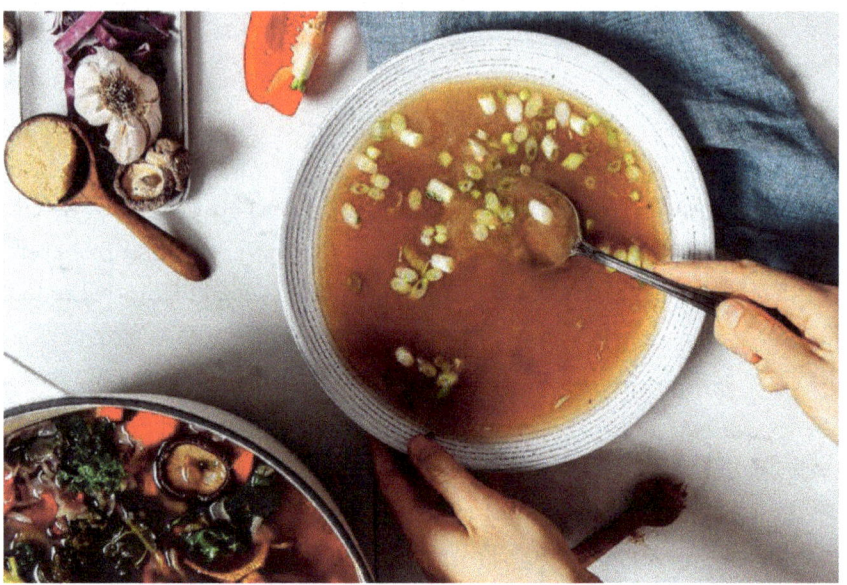

مكونات:

- 1 جزرة متوسطة (مقشرة ومفرومة خشنة)
- ½ بصلة (مقشرة ومقطعة خشنة)
- ½ تفاحة (منزوعة البذور ومقشرة ومقطعة خشنة)
- 1 ساق من الكرفس (مقطوع تقريبًا)
- 3 فصوص ثوم (مقشر)
- 120 مل زيت جوز الهند
- 2 ملاعق كبيرة زيت سمسم
- 340 جرام لحم مفروم
- 2 ملاعق صغيرة من الزنجبيل الطازج (شرائح)
- 1 ملعقة صغيرة سيراتشا
- 2 ملاعق كبيرة صلصة الصويا
- 1 ملعقة صغيرة خل التفاح
- 1 ملعقة صغيرة ملح
- 1 ملعقة طعام سمسم
- 175 مل ميسو
- 175 مل ميسو أحمر
- 475 مل من مرق الدجاج أو الخضار

تعليمات:

a) نعلق الجزر والبصل والتفاح وعود الكرفس.

b) ضعي زيت جوز الهند وملعقة صغيرة من زيت السمسم في مقلاة كبيرة على نار متوسطة. ثم تُقلى الخضار والفاكهة المفرومة في المقلاة لمدة تتراوح بين 10 و 12 دقيقة ، حتى يصبح البصل شفافًا ويتحول لون التفاح إلى اللون البني الفاتح. ثم خففي الحرارة قليلاً.

c) أضف نبات الشوفان إلى المقلاة وانتظر حوالي 8-10 دقائق حتى يتلاشى اللون الوردي. أضيفي الزنجبيل وصلصة الصويا وخل التفاح والملح وقلبي كل شيء جيدًا.

d) ضعي الخليط كاملاً في الخلاط حتى يصبح اللحم ناعماً.

e) نضيف بذور السمسم والميسو إلى الخليط ويقلب جيدا. يجب أن يكون القوام مثل عجينة سميكة. هذا يخلق الأساس ميسو.

f) يُغلى مرق الخضار أو الدجاج. أضف 6 ملاعق صغيرة من كريم الأساس ميسو.

g) ضعي حساء المرق الجاهز في وعاءين (حوالي 235 مل لكل منهما) وأضيفي المعكرونة والإضافات حسب الرغبة.

10. مرق تونكوتسو

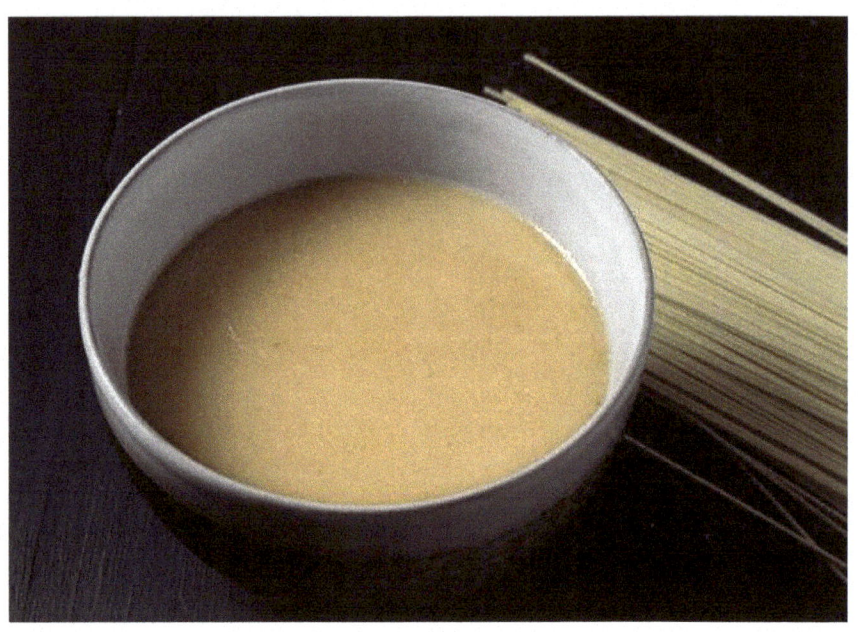

مكونات:

- Seabura (لحم الخنزير المطبوخ)
- 700 غ سرج من لحم الخنزير ، مقطّع إلى شرائح
- ماء

TONKOTSU BROTH

- 225 جرام قدم دجاج (مغسولة ، منزوعة الجلد وخالية من أصابع القدم)
- 3.6 - 4.5 كجم مفصل لحم الخنزير (مكسور ، لنخاع العظام)
- 455 غ من البطاطس (مقشرة ومقطعة خشنة)
- 4.7 لتر من الماء
- شيوداري (للطعم المالح)
- 1 قطعة كبيرة مستطيلة من كومبو
- 2 حبة فطر شيتاكي صغير مجفف (مسحوق)
- 946 مل من الماء
- 2 ملاعق صغيرة من رقائق البونيتو
- 300 جرام قذائف السجاد
- 140 جرام ملح
- شويو داري (لنكهة صلصة الصويا)

تعليمات:

a) قبل أن تبدأ ، جهز شاشو.

b) ابدأ بـ Seabura: ضعي لحم الخنزير في قدر وغطيه بالماء. دع الماء يغلي لفترة وجيزة واتركه ينضج لمدة 4 ساعات.

c) طهي مرق التونكوتسو: اغلي الماء في قدر منفصل. اسلقي أقدام الدجاج ، وجففيها ، وضعيها في طنجرة ضغط مع مفاصل لحم الخنزير والبطاطس. قم بتغطية كل شيء بـ 4.7 لتر من الماء. تأكد من أن الماء والمكونات الأخرى لا تملأ أكثر من نصف وعاءك.

d) سخني القدر حتى يخرج البخار من صمام الضغط (قد يستغرق ذلك ما يصل إلى 20 دقيقة). انتظر تقريبا. 10 دقائق حتى يمتلئ القدر بالبخار. اضبطي الحرارة على أعلى مستوى واتركيها تطهى لمدة ساعة.

e) صنع شيوداري: خذ قدرًا متوسطًا واتركه حتى يغلي كومبو وفطر شيتاكي و 950 مل من الماء. خففي الحرارة وكانت حوالي 5 دقائق. أخرجي فطر الكومبو والشيتاكي وانقلي السائل إلى قدر متوسطة نظيفة.

f) أضيفي رقائق البونيتو إلى السائل واتركيها تغلي. اتركه ينضج لمدة 5 دقائق. اعصر رقائق البونيتو وأزلها من حساء المرق. ضعي حساء المرق في قدر نظيف متوسط الحجم.

g) يُغلى مرق الحساء ويُضاف المحار. اتركه ينضج لمدة 5 دقائق. أزل بلح البحر بمنخل. انقلي لترًا واحدًا من المرق إلى قدر جديد وأضيفي الملح (140 جم).

h) بعد ساعة ، ارفعي قدر الضغط عن الموقد وحرري الضغط. سحق عظام لحم الخنزير لكشف نخاع العظم. قم بطهي كل شيء على درجة حرارة منخفضة لمدة ساعة أخرى مع التقليب مرارًا وتكرارًا.

i) أضف ملعقة صغيرة من كل من chashu و shiodare إلى أطباق حساء المرق التي تخطط لاستخدامها مع الوجبة.

j) خذ سرج لحم الخنزير على نار هادئة من على الموقد واسكب الماء. نقطع اللحم إلى قطع أصغر (حوالي 5 سم). ادفع قطعة اللحم بأكملها في غربال خشن لتقطيعها. Seabura جاهز.

k) صفي حساء المرق من قدر الضغط وضعيه في قدر منفصل واحتفظي به دافئًا. يُغلى المرق مرة أخرى قبل التقديم مباشرة.

l) نقطع الشاشو إلى قطع 6 مم ونقليها في مقلاة حتى تصبح مقرمشة.

m) لإنهاء حساء المرق الخاص بك ، أضف شوربة مرق تونكوتسو الساخنة (235 مل) إلى وعاء الحساء. أضف ملعقة صغيرة من Seabura لكل وجبة. أضف المعكرونة والإضافات حسب الرغبة.

11. شوربة مرق البصل

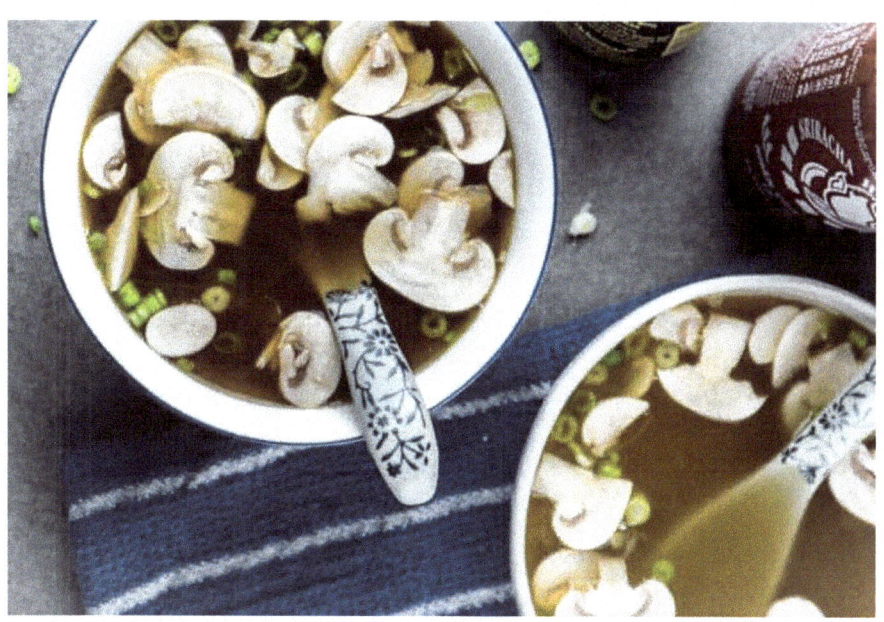

مكونات:

- 6 أكواب مرق لحم بقري
- 2 بصل (مكعبات)
- 1 سيقان كرفس (مكعبات)
- 1 جزرة (مقشرة ومقطعة مكعبات)
- 1 ملعقة كبيرة ثوم (مفروم)
- نصف ملعقة صغيرة زنجبيل (مفروم)
- 1 ملعقة صغيرة زيت سمسم
- 1 كوب فطر (شرائح رقيقة جدًا)
- كوب بصل أخضر (مقطع شرائح)
- لتذوق الملح والفلفل
- لتذوق صلصة الصويا (اختياري)
- لتذوق سريراتشا (اختياري)

تعليمات:

a) يُقلى البصل في قدر في القليل من الزيت حتى يتكرمل قليلاً. حوالي 10 دقائق.

b) أضيفي الجزر والكرفس والثوم والزنجبيل وزيت السمسم والمرق. الموسم الى الذوق مع الملح والفلفل.

c) يُغلى المزيج ويُترك على نار خفيفة لمدة 30 دقيقة.

d) صفي الخضار من المرق.

e) أضف حفنة من البصل الأخضر والفطر المقطّع إلى أطباق رفيعة. مغرفة حساء المرق على القمة.

f) اختياري: أضف القليل من صلصة الصويا والسريراتشا حسب الرغبة.

12. مرق الشواء في وعاء المخيم

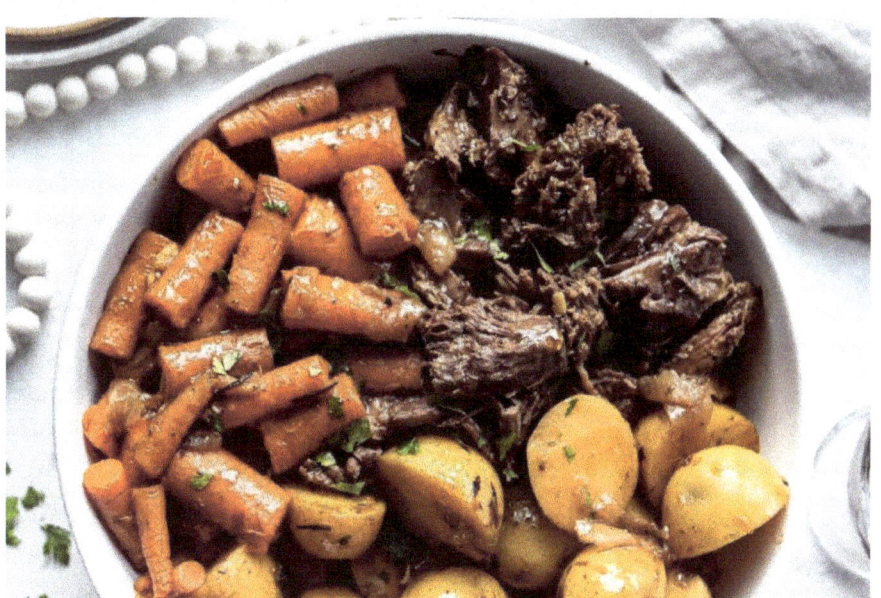

مكونات:

- 6-4 لحم الخنزير البلد
- 4 حبات بصل متوسطة مقشرة ومقطعة إلى شرائح جانبية
- 7-6 حبات بطاطس مقشرة ومقطعة إلى نصفين
- 1 كيس جزر صغير
- كوب من الكرفس
- ملح وفلفل
- صلصة باربيكيو (اختياري)

تعليمات:

a) ضعي الأضلاع والبطاطس والبصل والجزر والكرفس في قدر كبير أو محمصة. غطي كل شيء بالماء. ملح (حوالي 1 ملعقة صغيرة) وفلفل (غطي سطح الماء متوسط إلى خفيف).
b) ضع القدر على النار واتركه يطهى ببطء لبضع ساعات أثناء الصيد أو السباحة أو الاستمتاع بالهواء الطلق.
c) يتم العشاء عند عودتك. لتتبيله ، أخرج اللحم من الخضار وضعه في مقلاة مع صلصة الباربيكيو (سوف يتساقط اللحم من العظام) ؛ أضيفي الصلصة على النار لمدة 10-5 دقائق (صلصة الباربيكيو بالعسل هي الأفضل).

13. مرق لحم الخنزير رامين

مكونات:

- 1.1 رطل من عظام لحم الخنزير ، بدون لحم ، مقطعة إلى قطع كبيرة
- كوارع خنازير 2 رطل ، جزء من الساق فقط ، مقطعة إلى قطع أصغر
- 1 ذبيحة دجاج
- 5.3 أونصات من جلد الخنزير
- 7 لتر ماء وأكثر للتبييض

تعليمات:

a) لتبييض العظام: خذ وعاء كبير. ضع خنازير الخنازير وعظام لحم الخنزير فيه. صب ما يكفي من الماء لتغطية العظام.

b) ضع القدر على نار متوسطة. دعها تغلي لمدة 10 دقائق. ازالة من الحرارة. انزع العظام واتركها جانباً.

c) تخلص من الماء واشطف الوعاء جيداً.

d) نظف العظام من أي جلطات دموية أو حثالة بسكين حاد. تأكد من إزالتها كلها.

e) أضف 7.5 لتر من الماء في وعاء كبير. يُغلى المزيج. أضف العظام في القدر. أيضا ، أضف جلد الخنزير.

f) اخفض الحرارة واتركها تنضج.

g) في البداية ، ستبدأ حثالة في الطفو إلى الأعلى. قم بإزالة حثالة بملعقة كبيرة وتخلص منها. تقليم الدهون الزائدة كذلك.

h) غطي القدر بغطاء واتركيه على نار هادئة لمدة 12-15 ساعة. سوف تقل كمية المرق وستكون أكثر سمكًا وعكرة إلى حد ما.

i) ازالة من الحرارة. عندما يبرد ، صفيه في وعاء كبير بمصفاة سلكية.

j) برد لمدة 5-6 أيام. يمكن تجميد المرق غير المستخدم.

k) للتقديم: يُسخن جيداً. أضف الملح و الفلفل للطعم ثم قدم.

14. مرق اللحم البقري البني

مكونات:
- 4 رطل من عظام مرق اللحم البقري
- 2 ملاعق كبيرة زيت زيتون
- 1 ملعقة كبيرة خل التفاح
- 1 غصن بقدونس طازج
- 1 ساق كرفس مقطعة إلى أثلاث
- 1 بصلة صغيرة غير مقشر ومقطع إلى النصف
- 2 فص ثوم مقطع.
- 1 ملعقة صغيرة أوراق الغار المجففة
- ملعقة صغيرة فلفل أسود كامل
- 1 ملعقة صغيرة ملح كوشير

تعليمات:
a) دهن صينية الخبز بزيت الزيتون وضعي عليها عظام اللحم.
b) تحمص العظام لمدة 30 دقيقة في فرن عند 420 درجة فهرنهايت ، اقلب العظام وشويها لمدة 20 دقيقة أخرى
c) املأ الإناء الفوري بالماء حتى بوصة واحدة تحت خط الحد الأقصى
d) أضف جميع المكونات. بما في ذلك عظام اللحم البقري المشوي إلى الماء.
e) قم بتأمين الغطاء. أدر مقبض تحرير الضغط إلى الوضع المحكم.
f) حدد الوظيفة اليدوية ؛ اضبط على الضغط العالي واضبط الوقت على 75 دقيقة
g) عندما يصدر صوتا حرر البخار لمدة 10 دقائق وافتح غطاء القدر الفوري.
h) صفي المرق المحضر من خلال مصفاة شبكية وتخلصي من جميع المواد الصلبة ، تخلصي من جميع الدهون السطحية وقدميها ساخنة.

15. شوربة فينيسون مرق

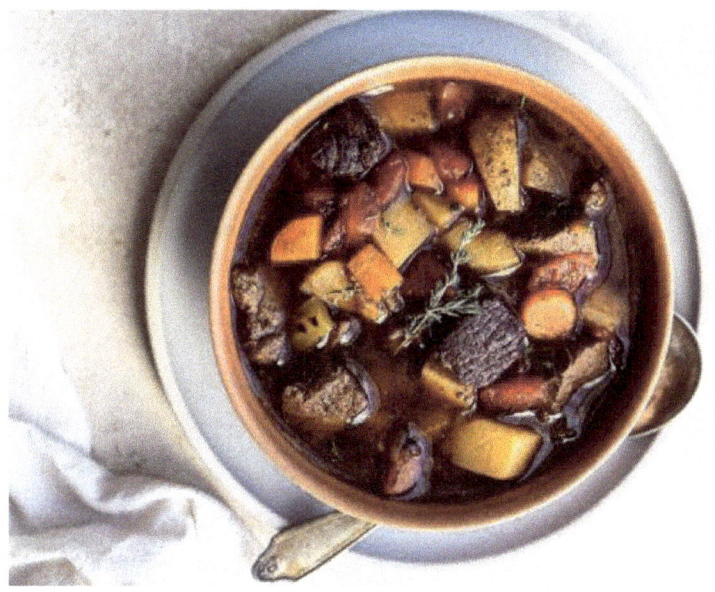

مكونات:

- 2 أو 3 أرطال من عظام لحم الغزال مع بعض اللحم
- 1-16 أوقية pkg. المجمدة مرق حساء الخضار
- 1 ملعقة كبيرة بقدونس
- 1 فص ثوم مفروم
- ملح وفلفل
- علبة 16 أونصة من الطماطم

تعليمات:

a) ضع العظام في فرن هولندي وقم بتغطيتها بالكاد بالماء. ينضج لمدة ساعتين. انزع العظام واسحب ما تبقى من اللحم بالشوكة. قطعي أي قطع كبيرة. احتفظ بثلاثة أكواب من المرق وتخلص من الباقي.

b) نضيف اللحم والخضروات المجمدة والبقدونس والثوم والملح والفلفل. اهرسي الطماطم أو قطعيها وضعيها في القدر مع عصير العلبة.

c) يقلب ، حتى يغلي بسرعة. خففي الحرارة إلى درجة منخفضة للغاية ، ثم غطيها بإحكام واتركيها على نار هادئة لمدة ساعة. أضف القليل من الماء إذا لزم الأمر.

d) ثم أضيفي القليل من الفلفل وقدميه.

16. كاري لحم الضأن والبطاطا

مكونات:

- 6 فصوص ثوم مهروسة
- 3 ملاعق كبيرة من مسحوق الكاري
- 2 ملاعق كبيرة من جذر الزنجبيل الطازج المفروم
- ملعقتان صغيرتان من خلطة توابل جارام ماسالا
- 1 ملعقة صغيرة بابريكا مدخنة
- 1 ملعقة صغيرة زعتر مجفف
- 1 ملعقة صغيرة كزبرة مطحونة
- 1 و 2/1 ملعقة صغيرة ملح كوشير
- 1 ملعقة صغيرة فلفل مطحون
- ¼ ملاعق صغيرة من الكمون المطحون
- 1 ملعقة كبيرة زيت زيتون
- 1 ملعقة صغيرة من مسحوق الفلفل الحار
- 2 رطل من قطع لحم الضأن
- 4 × "- مكعبات بطاطس حمراء متوسطة الحجم
- 1 × 15 أونصة من الطماطم المقطعة غير المصفاة
- 1 كوب مرق دجاج قليل الصوديوم
- 1 بصلة صغيرة مفرومة
- اختياري: أرز بني ساخن مطبوخ للتقديم

تعليمات:

a) في كيس طعام كبير ، امزج 1 ملعقة كبيرة من مسحوق الكاري مع 3 فصوص ثوم ، 1 ملعقة كبيرة من الزنجبيل ، 1 ملعقة صغيرة من مزيج توابل جارام ماسالا ، بابريكا ، زعتر ، مسحوق الفلفل الحار ، ملاعق صغيرة من ملح كوشير ، فلفل مطحون وكزبرة ، كمون مطحون والنفط.

b) أضيفي قطع لحم الضأن إلى الكيس. أغلق الكيس وقم بتغطية القطع عن طريق تدوير الكيس. برد لمدة 8 ساعات.

c) ضعي قطع البطاطس في قدر بطيء. أضف اللحم.

d) ضعي المرق والطماطم والبصل وبقية الثوم والتوابل في محضر الطعام. قم بتغطيته وعملية حتى تمتزج جيدًا.

e) يُسكب مزيج الطماطم فوق لحم الضأن ومكعبات البطاطس. غطاء طباخ بطيء. يُطهى حتى ينضج اللحم ، من 4 إلى 5 ساعات. انزع اللحم من العظام وتخلص من العظام.

f) افرم اللحم باستخدام شوكتين. صفي عصير الطهي واحتفظي بالبطاطس. تخلص من أي دهون من العصير. يُعاد لحم الضأن والبطاطس المحفوظة وعصير الطهي إلى قدر الطهي البطيء وتسخينه بالكامل. خدمة أكثر من الأرز، إذا رغبت في ذلك.

17. ميسو لحم الخنزير ورامين

مكونات:

- 2 رطل خنازير خنازير ، مقطعة إلى أشكال دائرية 1 بوصة
- 2 رطل دجاج ، مخلية ، مقطعة إلى شرائح
- 2 ملاعق كبيرة زيت طبخ
- 1 بصلة مفرومة
- 8-10 فصوص ثوم مفروم
- قطعة زنجبيل مقطعة
- 2 حبة كراث ، مفرومة
- ½ رطل بصل أخضر مفصول بقطعه بيضاء وخضراء ومفروم
- 1 كوب فطر مقطع شرائح
- 2 رطل كتف لحم خنزير مفروم
- 1 كوب معجون ميسو
- نصف كوب شويو
- نصف ملعقة كبيرة ميرين
- ملح للتذوق

تعليمات:

1. انقل لحم الخنزير والدجاج في قدر مرق وأضف الكثير من الماء حتى تغطى. ضعيها على نار عالية واتركيها تغلي. ارفعه عن النار عند الانتهاء.
2. سخني بعض زيت الطهي في حديد الزهر على نار عالية واطبخي البصل والثوم والزنجبيل لمدة 15 دقيقة أو حتى يتحول لونها إلى البني. اجلس جانبا.
3. انقل العظام المطبوخة إلى قدر مع الخضار وكتف الخنزير والكراث وبياض البصل الأخضر والفطر. اشحن بالماء البارد. اتركه يغلي على نار عالية لمدة 20 دقيقة. خففي الحرارة واتركيها على نار هادئة وغطيها بغطاء لمدة 3 ساعات.
4. الآن ، قم بإزالة الكتف باستخدام ملعقة. و ضعه في وعاء و ضعه في الثلاجة. ضع الغطاء مرة أخرى على القدر واطهيه مرة أخرى لمدة 6 إلى 8 ساعات.
5. صفي المرق وإزالة المواد الصلبة. اخفقي الميسو مع 3 ملاعق كبيرة من شويو وبعض الملح.
6. يقطع لحم الخنزير ويقذف مع شويو وميرين. الموسم مع الملح.
7. ضعي بعض المرق على النودلز وضعيه فوقها محترقة بالثوم والسمسم والفلفل الحار.
8. ضع لحم الخنزير في أوعية.
9. ضع البيض والمنتجات الأخرى المرغوبة فوقها.
10. يتمتع.

18. شوربة لحم الخنزير والفول

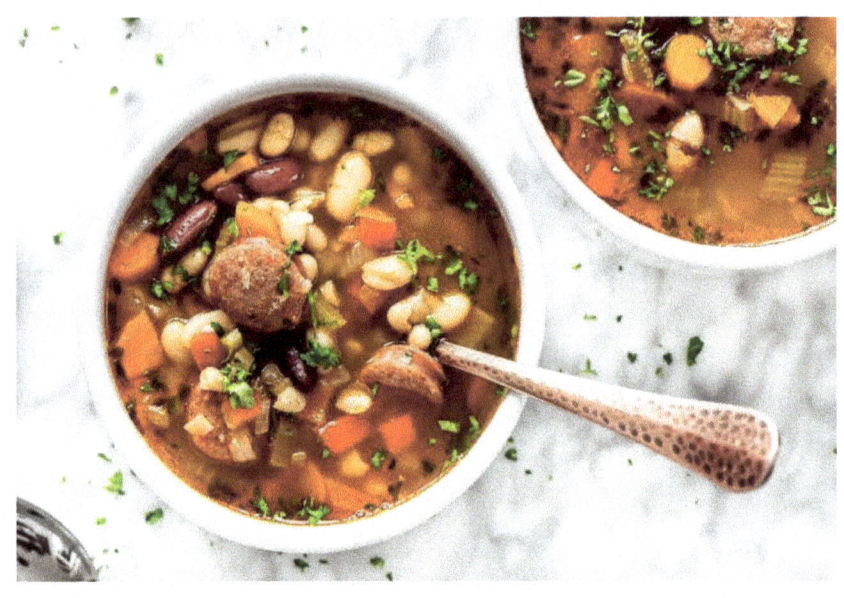

مكونات:

- 1 كوب من فول الصويا الأسود المجفف (منقوع طوال الليل ومصفى
- 1 كوب بصل (مكعبات
- 1 كوب أعواد الكرفس (مكعبات
- 4 فصوص ثوم (مفروم
- 1 ملعقة صغيرة اوريجانو مجفف
- 1 ملعقة صغيرة ملح
- 1 ملعقة صغيرة توابل الكاجون
- 1 ملعقة صغيرة دخان سائل
- 2 ملعقة صغيرة توابل لجميع الأغراض
- 1 ملعقة صغيرة صلصة لويزيانا الحارة
- 2 هام هوك
- 2 كوب لحم خنزير (مكعبات
- 2 كوب ماء

تعليمات:

a) ضعي جميع المكونات في إناء التحضير وقلبها حتى تمتزج.

b) ضع الغطاء وأغلقه ، واضبط وقت الطهي يدويًا على 30 دقيقة عند الضغط العالي.

c) عند الانتهاء ، اترك الضغط يخف بشكل طبيعي لمدة 10 دقائق ثم حرره بسرعة.

d) يُنزع اللحم من العظم ويُفرم كل اللحم مع التخلص من العظام.

e) يقلب حتى يمتزج ويقدم ساخنًا.

19. مرق لحم غنم حار

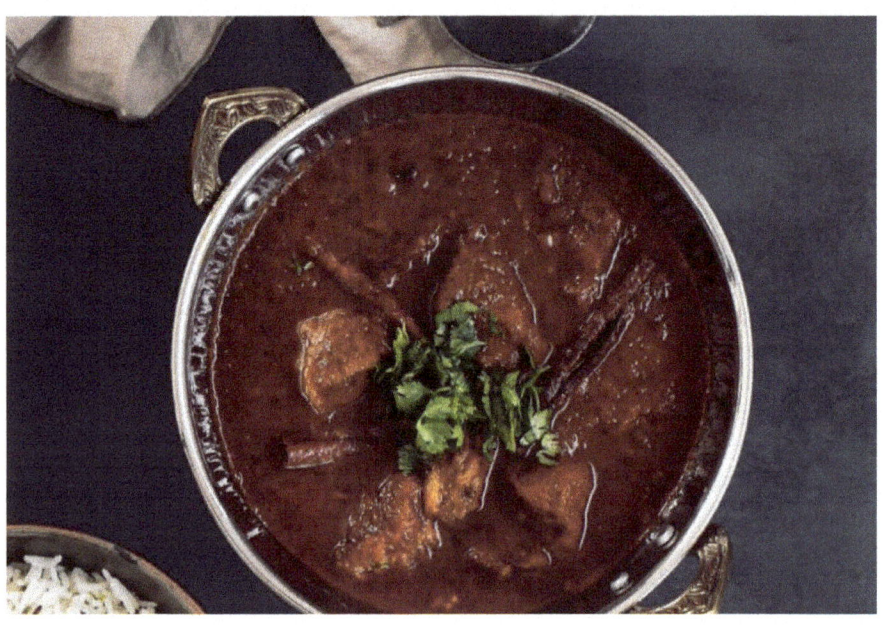

مكونات:

● 2 رطل من عظام الخروف
● نصف ملعقة صغيرة فلفل أبيض
● 1 ملعقة صغيرة من رقائق الفلفل الأحمر
● 2 ملعقة صغيرة من مسحوق الفلفل الحار
● نصف كوب من خل النبيذ الأحمر
● نصف كوب كرفس مفروم
● 5 فصوص ثوم
● 1 بصلة مقطعة إلى شرائح
● 1 ملعقة صغيرة ملح

تعليمات:

a) أضف جميع المكونات في قدر الضغط الكهربائي Instant Pot واسكب كمية كافية من الماء لتغطيتها.

b) يُغلق القدر بغطاء ويُطهى في وضع الطهي البطيء لمدة 6 ساعات.

c) اتركه لتحرير الضغط بشكل طبيعي لمدة 10 دقائق ثم حرره باستخدام طريقة الإطلاق السريع.

d) سلالة مرق وتخزينها.

20. مرق اللحم البقري الكلاسيكي

مكونات:
- 2 رطل من عظام اللحم البقري
- ½ ملعقة صغيرة ريحان مجفف
- 1 ملعقة صغيرة فلفل رومي
- 4 فصوص ثوم
- كوب من سيقان الكرفس المفروم
- 2 ملاعق كبيرة من خل النبيذ الأحمر
- 1 ملعقة صغيرة ملح البحر

تعليمات:
a) أضف جميع المكونات في قدر الضغط الكهربائي Instant Pot واسكب كمية كافية من الماء لتغطيتها.

b) يُغلق القدر بغطاء ويُطهى على نار عالية لمدة 35 دقيقة.

c) اتركه لتحرير الضغط بشكل طبيعي لمدة 10 دقائق ثم حرره باستخدام طريقة الإطلاق السريع.

d) سلالة مرق وتخزينها.

.21 مرق الكرفس

مكونات:
- 2 رطل من عظام الخروف
- 1 ملعقة صغيرة زعتر مجفف
- 2 ملاعق كبيرة خل التفاح
- نصف كوب من أوراق الكرفس
- 2 سيقان كرفس مفروم
- 2 بصل مقطع شرائح
- 1 ملعقة صغيرة ملح

تعليمات:
a) أضف جميع المكونات في قدر الضغط الكهربائي Instant Pot واسكب كمية كافية من الماء لتغطيتها.
b) يُغلق القدر بغطاء ويُطهى على نار عالية لمدة 15 دقيقة.
c) حرر الضغط باستخدام طريقة التحرير السريع بدلاً من فتح الغطاء.
d) سلالة مرق وتخزينها.

22.   طاجين

مكونات:

- بعض زيت الزيتون
- بعض الزبدة
- 500 غرام من لحم الضأن المفروم (بدون عظم)
- 1 بصلة
- قطعة واحدة من جذر الزنجبيل الطازج
- حبة قرفة (حوالي 5 سم)
- لمسة من الزعفران
- 200 غرام من الفواكه المجففة
- 25 جرام سمسم
- ملح وفلفل أسود مطحون طازجًا حسب الرغبة

تعليمات:

a) يقلى اللحم والبصل والتوابل حتى يتحول لون اللحم إلى اللون البني.

b) ضعي اللحم والبصل في قدر.

c) أضف الماء إلى المستوى الذي يغطي اللحم فقط ، ضع الغطاء على القدر ، واتركه لمدة ساعة تقريبًا.

d) أضيفي الفواكه المجففة واتركيها لمدة 30 دقيقة أخرى.

e) تحمص بذور السمسم في شواية أو مقلاة جافة حتى تصبح بنية اللون.

f) نرفع القرفة ونغطي الطبق ببذور السمسم المحمص.

23. مرق لحم الخنزير والخضروات

مكونات:

- 2 رطل من عظام لحم الخنزير المرعى
- كوب جزر. مقطع.
- نصف كوب فلفل رومي
- ملعقة صغيرة فلفل أسود كامل
- 8 أكواب ماء
- 1 ملعقة صغيرة أوراق الغار المجففة
- 1 غصن بقدونس طازج
- كوب بصل أخضر ؛ مقطع.
- 1 ساق كرفس مقطعة إلى أثلاث
- 1 بصلة صغيرة غير مقشر ومقطع إلى النصف
- 1 ملعقة صغيرة ملح كوشير

تعليمات:

a) صب الماء في قدر الضغط الكهربائي Instant Pot.
b) أضف جميع المكونات إلى الماء. أغلق غطاء الوعاء الفوري وأدر مقبض تحرير الضغط إلى الوضع المحكم.
c) حدد الوظيفة اليدوية ؛ اضبط على ضغط مرتفع واضبط المؤقت على 20 دقيقة
d) عندما يصدر صوتا حرر البخار لمدة 10 دقائق وافتح غطاء القدر الفوري
e) قم بتصفية المرق المحضر من خلال مصفاة شبكية وتخلص من جميع المواد الصلبة ، قم بإزالة جميع الدهون السطحية وقدمها ساخنة.

24. مرق اللحم البقري والفلفل

مكونات:
- 4 رطل من عظام مرق اللحم البقري
- 1 كوب فلفل أحمر
- 2 ملاعق كبيرة زيت زيتون
- 2 فص ثوم مقطع.
- ملعقة صغيرة من رقائق الفلفل الأحمر
- 1 ساق كرفس مقطعة إلى أثلاث
- 1 بصلة صغيرة غير مقشر ومقطع إلى النصف
- ملعقة صغيرة فلفل أسود كامل
- نصف ملعقة صغيرة كركم مطحون
- 1 ملعقة صغيرة ملح كوشير

تعليمات:
a) دهن صينية الخبز بزيت الزيتون وضعي عليها عظام اللحم
b) تحمص العظام لمدة 30 دقيقة في فرن عند 420 درجة فهرنهايت ، اقلب العظام وشويها لمدة 20 دقيقة أخرى
c) املأ الإناء الفوري بالماء حتى بوصة واحدة تحت خط الحد الأقصى.
d) أضف جميع المكونات. بما في ذلك عظام اللحم البقري المشوي في الماء.
e) قم بتأمين الغطاء. أدر مقبض تحرير الضغط إلى الوضع المحكم.
f) حدد الوظيفة اليدوية ؛ اضبط على الضغط العالي واضبط الوقت على 75 دقيقة
g) عندما يصدر صوتا حرر البخار لمدة 10 دقائق وافتح غطاء القدر الفوري.
h) قم بتصفية المرق المحضر من خلال مصفاة شبكية وتخلص من جميع المواد الصلبة ، قم بإزالة جميع الدهون السطحية وقدمها ساخنة.

25. مرق اللحم البقري الحار

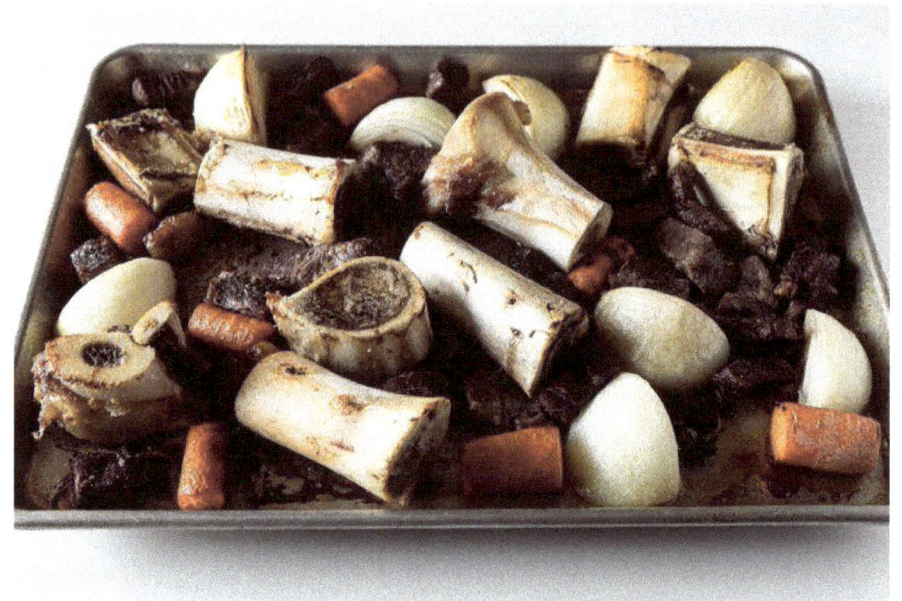

مكونات:
- 2 رطل من عظام اللحم البقري
- ملعقة صغيرة من رقائق الفلفل الأحمر
- 2 ملعقة صغيرة فلفل حار
- 3 ملاعق كبيرة خل نبيذ أحمر
- كوب بصل مفروم
- نصف كوب كرفس مفروم
- كوب من ساق الكرفس المفروم
- 3 فصوص ثوم
- 3 فلفل حار
- 1 ملعقة صغيرة ملح

تعليمات:
a) أضف جميع المكونات إلى القدر واسكب كمية كافية من الماء لتغطيتها.
b) يُغلق القدر بغطاء ويُطهى على نار عالية لمدة 35 دقيقة.
c) اتركه لتحرير الضغط بشكل طبيعي لمدة 10 دقائق ثم حرره باستخدام طريقة الإطلاق السريع.
d) سلالة مرق وتخزينها.

26. يسحب لحم الخنزير بنصيحة في أسلوب آسيا

يصنع: 3 حصص

مكونات:

- 1½ كيلو رقبة لحم خنزير بدون عظم
- 2½ ملعقة صغيرة مسحوق خمس بهارات
- نصف كوب صلصة هويسين
- 3 ملاعق كبيرة صلصة الصويا
- 3 ملاعق كبيرة عسل
- 2 ملاعق كبيرة من نبيذ الأرز (نبيذ الأرز شاوشينغ)
- 2 ملاعق كبيرة زنجبيل طازج ، مبشور
- 2 ملاعق كبيرة ثوم معصور
- 1 ليمون قشرها

تعليمات:

a) أنت بحاجة إلى طباخ فيديو سوس وجهاز فراغ وحقيبة فراغ. أفترض أنه يمكنك استخدام كيس تجميد كثيف جدًا ، لكنني لا أثق حقًا في الكثافة.

b) إذا كان لديك عنق لحم الخنزير مع عظم ، فعليك إما إزالته أو وضع كيسين فوق بعضهما البعض للطهي بالفيديو حتى لا يقطع العظم ثقبًا في الكيس ويدخل الماء فيه.

c) اتركي رقبة الخنزير كاملة أو قطعيها إلى مكعبات خشنة. ميزة القطع السابق هي أن طول ألياف اللحم محدد بالفعل.

d) اخلطي باقي مكونات صلصة التتبيلة معًا.

e) الآن قم بتقطيع الكيس إلى حجم كبير بما يكفي لطهي الطعام بطريقة سخية. قم بالفعل بلحام التماس باستخدام جهاز تفريغ الهواء ووضع اللحم في فتحة الكيس.

f) اسكبي الصلصة في الكيس واكنسي الكيس بالمكنسة الكهربائية - احرصي على عدم إزالة الصلصة.

g) ضع كمية كافية من الماء في طباخ فيديو سوس عند 70 درجة مئوية. عند الوصول إلى درجة الحرارة ، ضع الكيس في الداخل بحيث يتم غمره بالكامل. نصيحة: أقوم دائمًا بإضافة الماء الساخن لتوفير الوقت. اترك اللحم في حمام مائي لمدة 20 - 24 ساعة.

h) في غضون ذلك ، تأكد من التحقق مما إذا كان لا يزال هناك سائل كافٍ ، وقبل كل شيء ، ما إذا كان الكيس يطفو على اللحم بسبب تطور البخار. إذا كان الأمر كذلك ، عليك تقديم شكوى والضغط تحت السطح. يمكن استخدام أدوات المائدة والملقط وما إلى ذلك لهذا الغرض - فقط لا شيء ، من فضلك ، يحافظ على الماء بعيدًا عن اللحم ، مثل الأطباق وما شابه ذلك.

i) اختياري: للحصول على قشرة خفيفة ، قم بتسخين الفرن مسبقًا إلى أقصى درجة حرارة وشوي أو تسخين أعلى.

j) بعد الطهي ، أخرج الكيس وقطع ركنًا صغيرًا واسكب السائل المتسرب في قدر. أخرج اللحم من الكيس. الآن تم الانتهاء من الناحية النظرية ويمكن التقاطها.

k) أو للحصول على قشرة خفيفة ، اترك اللحم يجف من الخارج. ضعيها في طبق فرن كبير واشويها في الفرن حتى تتكون قشرة خفيفة. ثم افرم اللحم في وعاء كبير. يجب أن يكون ذلك سهلا للغاية. الآن أضف نكهة الليمون.

l) جرب اللحم: إذا كان جافًا جدًا ، أضف بعض السائل. خلاف ذلك ، قم بغلي السائل المتسرب برفق على الموقد.

m) للقيام بذلك ، عليك استخدام ملعقة سيليكون مقاومة للحرارة لتحريك الصلصة باستمرار وتحريك الصلصة في قاع الإناء ، لأن السائل يحتوي على العسل وصلصة الهويسين - كلاهما يميل إلى الاحتراق.

n) عندما يتحقق القوام المطلوب ، يمكن إضافة الصلصة إلى اللحم وخلطها أو تقديمها بشكل منفصل. عادة ما أخلطهم. يمكن أيضًا تفكيك الخليط جيدًا بقليل من الماء.

27. مرق الماعز من جامايكا

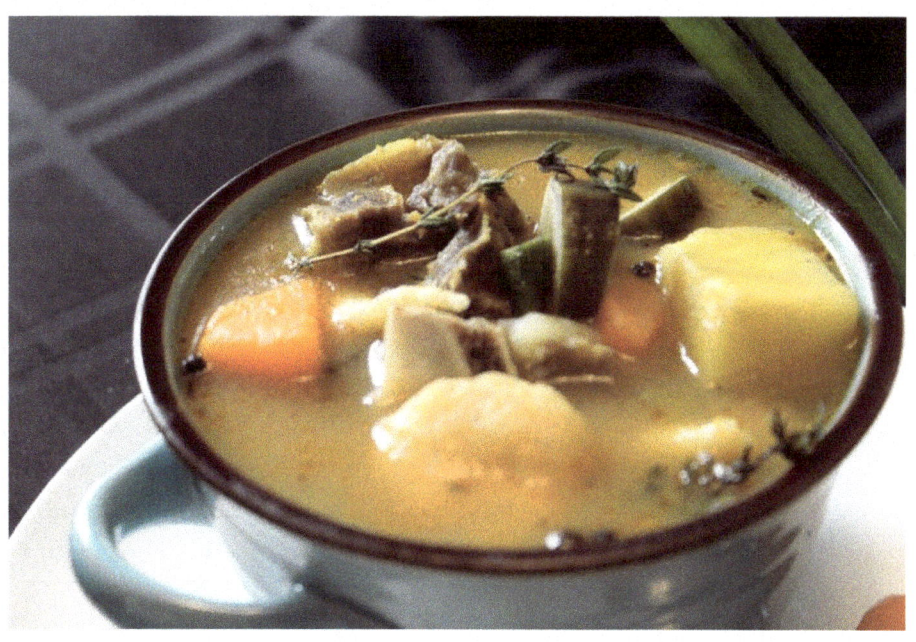

مكونات:

- 2 رطل (بما في ذلك العظام) من لحم الماعز - مقطع إلى مكعبات
- (يمكن استخدام لحم الضأن كبديل)
- 2 ملعقة طعام مسحوق كاري
- 2 بصل مقطع إلى مكعبات
- 2 بصل أخضر (أو بصل أخضر)
- نصف ملعقة صغيرة ملح
- نصف ملعقة صغيرة فلفل
- 2 فلفل حار (غطاء محرك سكوتش يعمل بشكل رائع)
- 1 ملعقة كبيرة زنجبيل طازج مبشور
- 6 فصوص ثوم مفروم
- 2 أغصان من الزعتر الطازج
- 1 ملعقة كبيرة زبدة
- نصف كيلو قطع جزر
- نصف كيلو بطاطس مقطعة إلى مكعبات
- كوب ماء

تعليمات:

a) يُمزج مسحوق الكاري والبصل والبصل الأخضر والملح والفلفل والفلفل الحار والزنجبيل والزعتر ونصف كوب من الماء في الخلاط. أضف المزيد من الماء إذا لم تمتزج المكونات جيدًا.

b) افركي الخليط على مكعبات اللحم واتركيه في الثلاجة طوال الليل.

c) اكشط التتبيلة من اللحم واحتفظ بها لوقت لاحق.

d) نضيف اللحم والزبدة إلى مقلاة ونحمر بلطف.

e) نضع اللحم في قدر ونضيف البطاطس والجزر والتتبيلة المحفوظة ثم نضيف الماء الكافي لتغطية اللحم.

f) يُغلى المزيج ثم يُترك على نار خفيفة حتى ينضج اللحم (يجب أن يستغرق ذلك من 1 إلى 1 ساعة).

28. مرق اللحم البقري

مكونات:

- 3-4 أرطال من عظام البقر المختلطة التي تتغذى على العشب
- 2 بصلة متوسطة مفرومة
- 2 حبات متوسطة الحجم ، مفرومة
- 3 أعواد كرفس مفروم
- 2 ورق الغار
- 2 ملاعق كبيرة خل التفاح
- 1 ملعقة طعام فلفل رومي
- 8-10 أكواب ماء

تعليمات:

a) سخني الفرن إلى 400 درجة فهرنهايت.

b) توضع العظام المختلطة في صينية تحميص في طبقة واحدة وتوضع في الفرن. شوي العظام لمدة 30 دقيقة. اقلب العظام وشويها لمدة 30 دقيقة أخرى.

c) أثناء تحميص العظام ، يقطع الجزر والبصل والكرفس. سوف تتخلص من هذه الأشياء بعد ساعات طويلة من الطهي ، لذا فإن التقطيع الخشن يعمل بشكل رائع!

d) ضع العظام المشوية والخضروات المقطعة وأوراق الغار وخل التفاح وحبوب الفلفل في قدر 6 لیترات. غطيه بالماء بالكامل.

e) يغطى ويطهى على نار خفيفة لمدة 24 ساعة. أضف الماء حسب الحاجة لإبقاء جميع المكونات مغطاة بالماء وقم بإزالة الرغوة بشكل دوري من أعلى القدر.

f) بعد 24 ساعة ، يجب أن يكون لون المرق بني غامق. تخلص من جميع المواد الصلبة وصفي المرق من خلال مصفاة شبكية دقيقة في وعاء كبير. صفيها مرة أخرى من خلال القماش القطني لإزالة أي جزيئات متبقية إذا رغبت في ذلك.

g) ضعي مرق العظام في برطمانات ميسون واتركيه يبرد حتى يصل إلى درجة حرارة الغرفة. يمكن تخزين مرق العظام في الثلاجة لمدة تصل إلى أسبوعين أو تجميده للاستخدام في المستقبل. قبل الاستخدام ، قم بإزالة الدهون المتراكمة على السطح.

29. مرق عظم حار مع الخضار

مكونات:

● 4 2/1 كوب مرق عظم
● 1 بوصة زنجبيل مقطع شرائح
● 1 فص ثوم مهروس
● نصف ملعقة صغيرة كركم مطحون حسب الرغبة
● 2 أو 3 حبات فلفل أسود
● قرصة حريف
● رشة كمون
● رشة هيل مطحون (اختياري)
● 2 كوب من الخضر الورقية الداكنة المفرومة
● ملح سلتيك أو ملح الهيمالايا الوردي ، يستخدم بعد التقديم

تعليمات:

a) أضف جميع المكونات ، ما عدا الخضر ، إلى وعاء واتركه على نار هادئة لمدة 10 إلى 15 دقيقة.

b) سلالة المواد الصلبة في مصفاة شبكية دقيقة.

c) أضف الخضر إلى المرق واتركه مغطى لمدة 10 دقائق للخضروات الطرية مثل السبانخ. لمزيد من الخضر الليفية مثل اللفت ، اتركها على نار هادئة بالكاد في المرق لمدة 10 إلى 15 دقيقة.

30. مرق لحم غنم حار مع دايكون

مكونات:

- 2 رطل من مرق لحم الضأن ، مقطعة إلى 2 بوصة
- 3 ملاعق كبيرة زيت زيتون بكر ممتاز
- 5 فصوص ثوم مقشرة ومهروسة
- 2 فلفل تايلندي مقطع إلى شرائح
- نصف أونصة من جذر الزنجبيل الطازج ، مقطع إلى شرائح
- نصف كوب من نبيذ شاوشينغ أو شيري
- 3 ملاعق كبيرة صلصة الصويا الداكنة
- 2 ملاعق كبيرة صلصة الصويا الخفيفة
- 1 كوب مرق دجاج عظم
- 1 ملعقة كبيرة سكر بني
- 2 ملاعق صغيرة كمون مطحون
- 3 يانسون كامل
- 12 أونصة ديكون مقشرة ومكعبات
- 3 ملاعق كبيرة نشا ذرة
- بصل أخضر مقطع للتزيين

تعليمات:

a) في قدر كبيرة ، غطي لحم الغنم بالماء واتركيه حتى يغلي لمدة 5 دقائق. صفيها وشطفها لتنظيفها. اجلس جانبا.

b) اشطف نفس القدر وجففها بالكامل أو استخدم فرن هولندي كبير. سخني زيت الزيتون على نار متوسطة لمدة دقيقتين تقريبًا ؛ يضاف الثوم والفلفل الحار والزنجبيل. اقليها لمدة دقيقة أو حتى تفوح رائحتها.

c) يُضاف لحم الغنم إلى الفرن الهولندي. يُطهى لمدة 5 دقائق مع التحريك المتكرر.

d) أضف نبيذ شاوشينغ أو شيري ، متبوعًا بصلصة الصويا الداكنة وصلصة الصويا الخفيفة ومرق عظام الدجاج والسكر البني والكمون المطحون. أسقط الينسون النجمي في المقلاة وانتقل إلى درجة حرارة عالية. غطيها واتركيها حتى الغليان. خففي الحرارة واتركيها على نار هادئة لمدة ساعة ونصف.

e) قبل 45 دقيقة من انتهاء الطهي ، أضيفي الدايكون إلى مرق لحم الضأن ، وقلبي حتى يتغطى بالصلصة ، واستمري في الغليان حتى ينضج.

f) يُذوّب نشا الذرة في نصف كوب ماء بارد ويقلب مع مرق لحم الضأن. بمجرد أن يصبح الحساء سميكًا ، أطفئي النار.

g) يُزين بالبصل الأخضر ويُقدم فوق الأرز أو البطاطس المهروسة.

31. **مدخن بابريكا بيف جولاش**

مكونات:

- 2 ملاعق كبيرة زيت زيتون
- 2 بصلة متوسطة مقطعة إلى شرائح
- كوب فلفل حلو اسباني مدخن
- 1 ملعقة صغيرة ملح البحر
- علبة (6 أونصات) معجون طماطم
- 4 ملاعق صغيرة ثوم مفروم
- 1 ملعقة صغيرة كمون مطحون
- 2 ملاعق كبيرة نشا ذرة
- 1 مكس مرق لحم بقري
- 1 ورقة غار
- 3 أرطال من لحم بقري تشاك آي مشوي ومقطع ومقطع إلى قطع
- 1 عبوة (10 أونصات) بازلاء حلوة مجمدة
- ½ كوب كريمة حامضة

تعليمات:

a) سخني الزيت في مقلاة غير لاصقة على نار متوسطة حتى الغليان. يضاف البصل والفلفل الحلو والملح ومعجون الطماطم والثوم والكمون. يُطهى مع التحريك كثيرًا حتى ينضج البصل ويصبح لونه بنيًا خفيفًا (حوالي 8-10 دقائق).

b) يقلب في نشا الذرة. امزج حتى يتم توزيع نشا الذرة بالتساوي.

c) قلبي في مرق عظام اللحم البقري وقلبي حتى يصبح الخليط سميكًا ، وكشط أي قطع بنية (حوالي 2-3 دقائق).

d) نقل الخليط إلى طباخ بطيء. أضف ورق الغار. يتبل اللحم البقري قليلاً بالملح والفلفل ويضاف إلى الطاهي البطيء. يُغطّى ويُطهى على نار خفيفة لمدة 8-10 ساعات أو على نار عالية لمدة 5-7 ساعات.

e) دع سائل الطهي يستقر لبضع دقائق وقم بإزالة أكبر قدر ممكن من الدهون من على السطح باستخدام ملعقة كبيرة. قم بإزالة ورق الغار أيضًا.

f) احتفظي بكوب واحد من سائل الطهي في وعاء صغير. أضف البازلاء وقم بتغطية القدر البطيء لمدة 5 دقائق أخرى.

g) أضف الكريمة الحامضة إلى وعاء صغير. تخلط مع سائل الطهي حتى تمتزج جيدا.

h) بمجرد أن تصبح البازلاء طرية ، حرك خليط الكريما الحامضة مرة أخرى في قدر الطهي البطيء. قدمي الجولاش فوق نودلز البيض أو الأرز أو البطاطس.

دواجن

32. وعاء رامين بالدجاج والخضروات

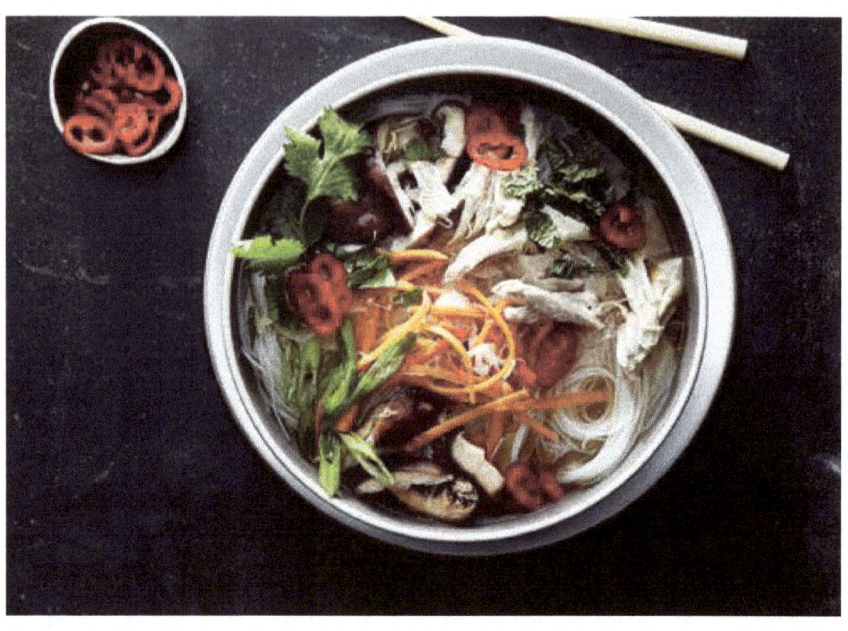

مكونات:

- 2 رطل من صدور الدجاج منزوعة الجلد والعظام
- كوب نعناع طازج مفروم
- عبوة 8 أونصات من نودلز أرز الشعيرية المطبوخة
- كوب كزبرة طازجة مفرومة
- 6 أكواب مرق دجاج غير مملح
- 1 تشيلي فريسنو أحمر ، مقطع إلى شرائح رفيعة
- 3 ملاعق كبيرة ميسو أبيض
- نصف ملعقة صغيرة ملح كوشير
- كوب بصل أخضر مقطع إلى شرائح رفيعة ، أجزاء خضراء فقط
- 2 كوب ملفوف مبشور ناعم
- 1 ملعقة طعام زيت الكانولا
- 1½ كوب جزر عود عود ثقاب
- عبوة 8 أونصات من شرائح فطر شيتاكي طازج
- 2 ملاعق صغيرة زيت سمسم محمص

تعليمات:

a) في مقلاة غير لاصقة ، سخني زيت الكانولا على نار متوسطة.
b) اطهي الدجاج حتى يصبح لونه بني فاتح ، حوالي 3 دقائق لكل جانب.
c) ضع الدجاج في طباخ بطيء.
d) أضف المرق والميسو.
e) أضف الكرنب والجزر والفطر إلى وعاء الخلط.
f) يُطهى ويُغطى لمدة 3 ساعات أو حتى ينضج الدجاج.
g) أخرجي الدجاج من القدر البطيء وضعيه جانباً ليبرد.
h) إزالة العظام والتخلص منها.
i) يقطع الدجاج إلى قطع صغيرة الحجم ويقلب مع خليط المرق في Crockpot.
j) وزعي المعكرونة بين ستة أطباق.
k) يُسكب مزيج الدجاج والمرق فوق النودلز.
l) وزعي شرائح البصل الأخضر والنعناع والكزبرة والتشيلي بالتساوي.
m) رشي زيت السمسم بالتساوي على كل حصة.

33. شوربة مرق دجاج بالخضار الكاريي

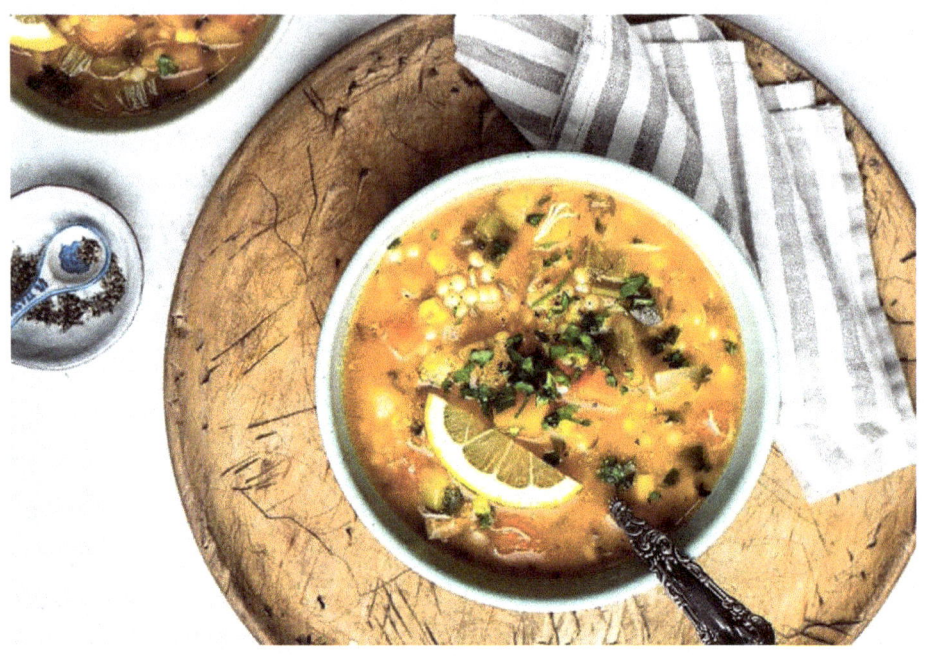

مكونات:

- 1 كوب بصل مقطع
- نصف كوب كرفس مقطع
- ½ كوب فلفل أحمر وأخضر مقطع إلى مكعبات
- نصف ملعقة صغيرة زعتر مجفف
- 1 كوب ماء
- 2 ورق غار
- 1 ملعقة صغيرة من مسحوق الفلفل الحار
- نصف ملعقة صغيرة مسحوق كاري
- نصف ملعقة صغيرة بهارات مطحونة
- 4½ أكواب مرق دجاج قليل الصوديوم منزوع الدسم
- نصف ملعقة صغيرة فلفل أسود مطحون طازجًا
- نصف رطل من صدور الدجاج منزوعة الجلد والعظم
- ربع كوب أرز أبيض جاف
- 14 أونصة فاصوليا سوداء مطبوخة ومغسولة ومصفاة

تعليمات:

a) يُمزج الزيت والكرفس والفلفل الأحمر أو الأخضر والبصل في قدر كبير.
b) قم بطهي الخضار لمدة 5 دقائق مع التقليب المستمر على نار عالية.
c) يُضاف الماء وأوراق الغار ومسحوق الفلفل الحار ومسحوق الكاري والزعتر والبهارات والفلفل الأسود مع التحريك في المرق.
d) يُغلى المزيج بعد إضافة الدجاج.
e) يُترك على نار خفيفة لمدة 25 دقيقة أو حتى ينضج الدجاج تمامًا. يقلب بانتظام.
f) عندما يبرد الدجاج بما يكفي للتعامل معه ، اتركه جانبًا.
g) نقطع الدجاج إلى قطع صغيرة الحجم بعد إزالة العظام.
h) أضيفي الفاصوليا والأرز إلى القدر.
i) يُطهى لمدة 15 دقيقة ، أو حتى ينضج الأرز.
j) ضعي الدجاج في القدر ، ثم اتركيه على نار هادئة لمدة 5 دقائق.
k) تجاهل أوراق الغار.
l) يقدم مع الزبادي غير الدسم والفلفل الأحمر المفروم.

34. شوربة مرق المناعة

مكونات:

- 2 ملاعق كبيرة زيت زيتون
- 1½ كوب بصل مقطع
- 3 أعواد كرفس مقطعة إلى شرائح رفيعة
- 2 حبات جزر مقطع رقيق
- 1 رطل شرائح من الفطر المحسن بفيتامين د
- 10 فصوص ثوم مفروم
- 8 أكواب مرق دجاج غير مملح
- 4 أغصان زعتر
- 2 ورق الغار
- علبة 15 أونصة من الحمص غير المملح ، مصفاة
- 2 رطل من صدور الدجاج منزوعة الجلد والعظام
- 1½ ملعقة صغيرة ملح كوشير
- ½ ملعقة صغيرة فلفل أحمر مطحون
- 12 أوقية كرنب مجعد ، تمت إزالة السيقان ، وأوراق ممزقة

تعليمات:

a) سخني الزيت في فرن هولندي على نار متوسطة.

b) يضاف البصل والكرفس والجزر. يطهى لمدة 5 دقائق مع التحريك من حين لآخر.

c) يُطهى لمدة 3 دقائق مع التحريك المستمر مع الفطر والثوم.

d) يُضاف المرق والزعتر وأوراق الغار والحمص ويُغلى المزيج.

e) أضيفي الدجاج والملح والفلفل الأحمر. غطي المزيج واطهيه لمدة 25 دقيقة ، أو حتى ينضج الدجاج.

f) بشوكتين ، افرم اللحم. تجاهل العظام.

g) أضيفي الدجاج واللفت. يغطى ويطهى لمدة 5 دقائق.

h) قم بإزالة أغصان الزعتر وأوراق الغار.

35. مرق تونيو

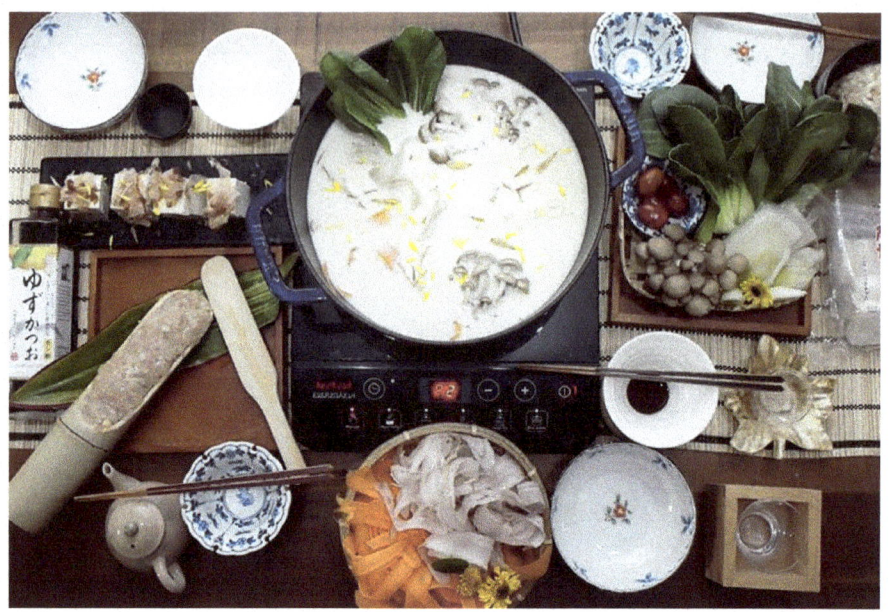

مكونات:

- 500 غرام من عظام الديك الرومي (مكسورة)
- 1 لتر من حليب الصويا
- 20 جرام زنجبيل (مقطع شرائح)
- 1 عصا كراث (مفرومة ناعماً)
- ملح
- 400 مل من الماء

تعليمات:

a) نأخذ قدرًا كبيرًا ونضيف إليه عظام الديك الرومي والكراث والزنجبيل و 400 مل من الماء.
b) اترك كل شيء يطهى لمدة 15 دقيقة مع الغطاء مغلقًا.
c) افتح الغطاء وانتظر حتى ينخفض المرق إلى ما يقرب من. 100-150 مل.
d) أضف حليب الصويا واتركه يطهى لمدة 10 دقائق أخرى. تحذير: حليب الصويا يحترق بسهولة.
e) صفي المرق. ضعي 235 مل في وعاء الحساء. أضف المعكرونة والإضافات حسب الرغبة.

36. شوربة مرق بالدجاج والبارميزان

مكونات:

- 2 رطل دجاج كامل مقطع إلى قطع
- 3 أونصات حليب كامل الدسم
- 1 ملعقة صغيرة عصير ليمون طازج
- ½ ملعقة صغيرة زنجبيل طازج مبشور
- 2 فص ثوم مفروم
- 4 أونصات من الجبن في درجة حرارة الغرفة
- 2 حبة موز مقشرة ومفرومة
- 1 جزرة مفرومة
- 2 ملاعق كبيرة زبدة
- 1 ملعقة كبيرة إكليل الجبل المجفف
- نصف ملعقة صغيرة فلفل أسود مطحون
- ملح البحر حسب الرغبة
- 4 أكواب مرق دجاج ، قليل الصوديوم
- ½ كوب جبن بارميزان ، ويفضل أن يكون مبشور طازجًا
- 1 ملعقة كبيرة بقدونس طازج مفروم

تعليمات:

a) في وعاء للخلط ، ضعي قطع الدجاج والحليب وعصير الليمون والزنجبيل والثوم. اتركه منقوعًا لمدة ساعة في الثلاجة.

b) أضيفي الدجاج مع التتبيلة إلى الوعاء الفوري. يُضاف الجبن والكراث والجزر والزبدة وإكليل الجبل والفلفل الأسود والملح ومرق الدجاج.

c) قم بتأمين الغطاء. اضغط على زر "حساء المرق" واطهيه لمدة 35 دقيقة. بمجرد اكتمال الطهي ، استخدم ضغطًا سريعًا.

d) أخرجي الدجاج من سائل الطهي. تخلص من العظام وأضف الدجاج مرة أخرى إلى القدر الفوري.

e) يُضاف جبن البارميزان المبشور حديثًا إلى سائل الطهي الساخن ؛ يقلب حتى يذوب ويتم دمج كل شيء جيدًا. ضعه في أوعية تقديم فردية ، وزين بالبقدونس الطازج واستمتع به!

37. مرق شويو

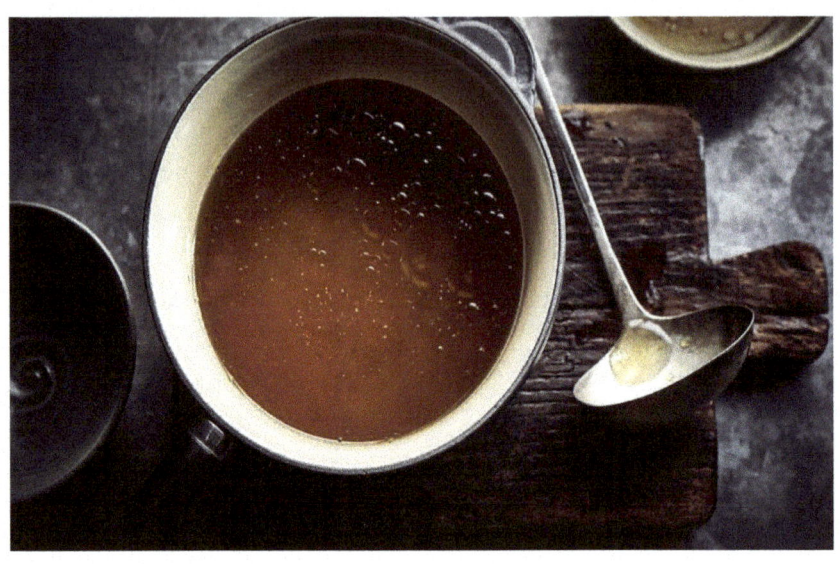

مكونات:

- 4 ملاعق صغيرة من زيت جوز الهند
- 2 حبات متوسطة الحجم (مقشرة ومفرومة خشنة)
- ½ بصلة (مقشرة ومقطعة خشنة)
- 3 بصل أخضر (مقطع شرائح)
- 1 تفاحة (منزوعة البذور ومقشرة ومقطعة خشنة)
- 2 سيقان من الكرفس (مقطعة تقريبًا)
- 5 فصوص من الثوم (مقشر)
- 5 فطر شيتاكي مجفف (مقطع إلى قطع صغيرة)
- 1 دجاجة كاملة
- 4 قطع ذيل ثور (حوالي 5 سم لكل قطعة)
- 1 ليمون (أرباع)
- 2.2 لتر مرق دجاج قليل الصوديوم
- 175 مل صوص صويا
- 4 ملاعق كبيرة من حبيبات الداشي
- 2 ملاعق صغيرة من الملح
- نصف ملعقة صغيرة فلفل أبيض
- 1 ورقة غار

تعليمات:

a) ضعي زيت جوز الهند ، والجزر ، والبصل ، والتفاح ، والكرفس ، والنوبلوش ، وشيتاكي بايل المجففة في الكسرولة.

b) ثم نضيف الدجاج الكامل وذيل الثور والليمون. ضع الفرن الهولندي في الفرن لمدة 10-8 ساعات وقم بتسخينه إلى 90 درجة مئوية عندما ينزلق ذيل الثور من العظم بسهولة ، يكون قد نضج.

c) استخدم ملعقة مشقوقة لإزالة القطع الخشنة. صفي الباقي في قدر كبيرة. يجب أن يكون لديك الآن حساء مرق بني ولامع وغني بالدهون.

d) يُغلى المرق في قدر. ضعي 235 مل من حساء المرق في كل وعاء حساء مرق. أضف المعكرونة والإضافات حسب الرغبة.

38. مرق شيو

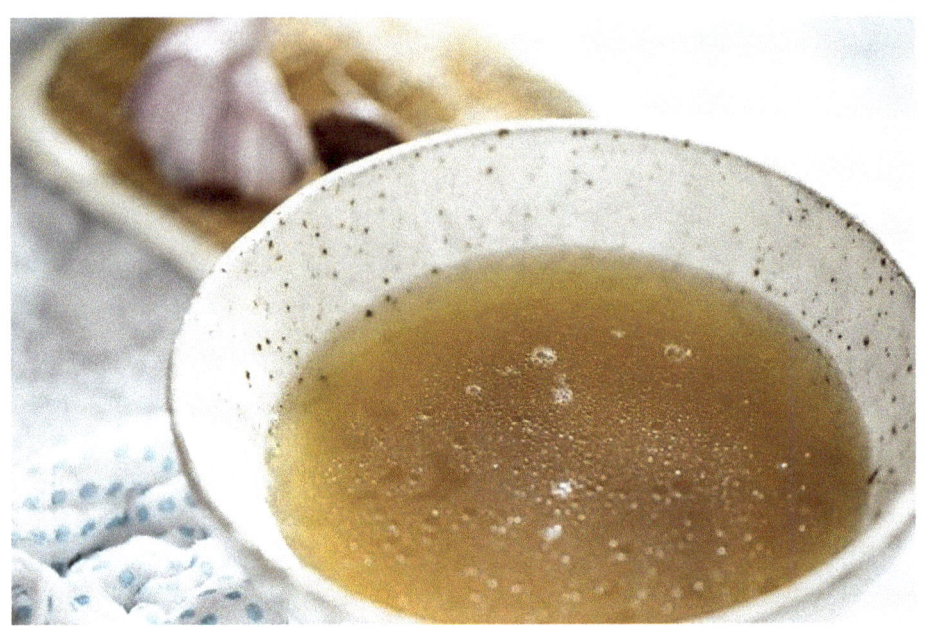

مكونات:
- 1 جزرة متوسطة (مقشرة ومفرومة خشنة)
- ½ بصلة (مقشرة ومقطعة خشنة)
- 3 بصل أخضر (مقطع شرائح)
- ½ تفاحة (منزوعة البذور ومقشرة ومقطعة خشنة)
- 1 ساق كرفس (مقطوع)
- 3 فصوص ثوم
- 5 فطر شيتاكي طازج
- 120 مل من زيت جوز الهند
- 1 ملعقة صغيرة زيت سمسم
- 3 ملاعق كبيرة حبيبات داشي
- 2 ملاعق صغيرة من الملح

مرق:
- 2 ملعقة صغيرة زبدة غير مملحة (لكل وجبة)
- مرق دجاج أو خضروات قليل الصوديوم (235 مل لكل وجبة)
- ميرين (نبيذ أرز حلو ، ملعقتان صغيرتان لكل حصة)
- قطعة واحدة كبيرة مستطيلة الشكل من كومبو (بطول 25 سم تقريبًا ، مقطوعة تقريبًا)
- فطر شيتاكي مجفف (مسحوق ، 2 فطر لكل وجبة)

تعليمات:
a) نضع الجزر والبصل والبصل الأخضر والتفاح وفصوص الثوم وفطر شيتاكي الطازج في محضر الطعام ونقطع كل شيء حتى تتكون عجينة.

b) سخني زيت جوز الهند وزيت السمسم في قدر متوسطة الحجم على نار متوسطة. أضيفي معجون الفاكهة والخضار واطهيه لمدة 10-12 دقيقة. ثم نضيف حبيبات الداشي والملح. يقلب جيدا.

c) للمرق ، ضعي الزبدة في قدر كبيرة وضعيها على نار متوسطة. عندما تبدأ الزبدة في التحول للون البني قليلاً ورائحتها البندق ، أضيفي مرق الدجاج أو الخضار والميرين والكومبو وفطر شيتاكي المجفف. دعها تغلي.

d) ثم خففي الحرارة واتركيها تنضج لمدة 15 دقيقة. استخدم ملعقة مشقوقة لإزالة القطع الخشنة. أضف خضروات الشيو وقاعدة الفاكهة.

e) ضعي 235 مل في وعاء الحساء. أضف المعكرونة والإضافات حسب الرغبة.

39. مرق دجاج كالي

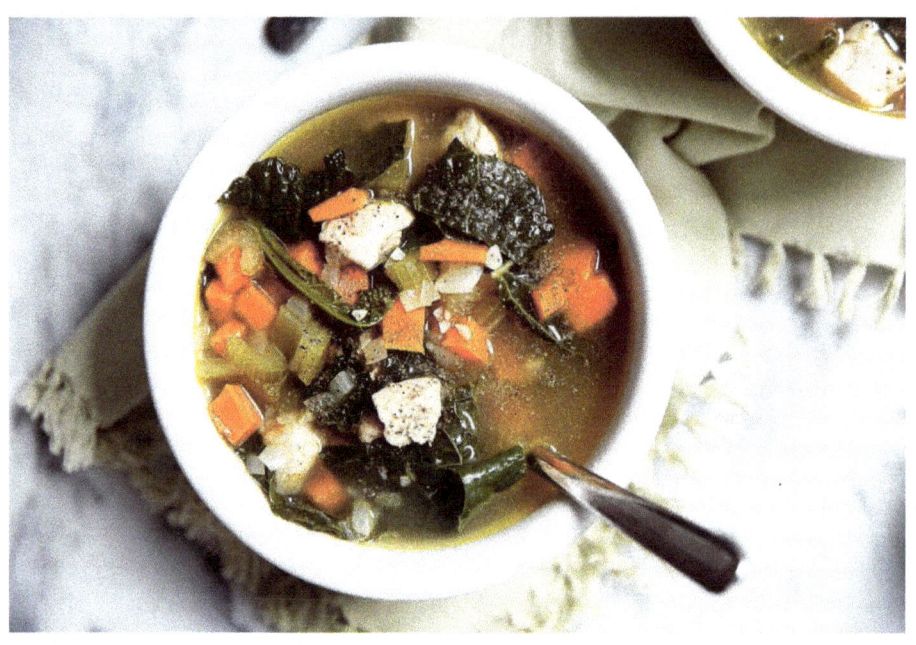

مكونات:

● 2½ رطل دجاج (عظم فقط
● 1 بصلة صغيرة غير مقشر ومقطع إلى النصف
● 1 ملعقة صغيرة أوراق الغار المجففة
● 1 ساق كرفس مقطعة إلى أثلاث
● 1 غصن كرنب طازج
● 8 أكواب ماء
● ملح وفلفل أسود حسب الرغبة

تعليمات:

a) صب الماء في قدر الضغط الكهربائي Instant Pot.

b) ضع كل المكونات في الماء. أغلق غطاء الوعاء الفوري وأدر مقبض تحرير الضغط إلى الوضع المحكم.

c) حدد الوظيفة اليدوية ؛ اضبطي على الضغط العالي واضبطي المؤقت على 60 دقيقة

d) عندما يصدر صوتا حرر البخار لمدة 10 دقائق وافتح غطاء القدر الفوري.

e) صفي المرق المحضر من خلال مصفاة شبكية وتخلصي من جميع المواد الصلبة ، وأزيلي جميع الدهون السطحية وقدميه ساخناً.

40. حساء الدجاج المعكرونة

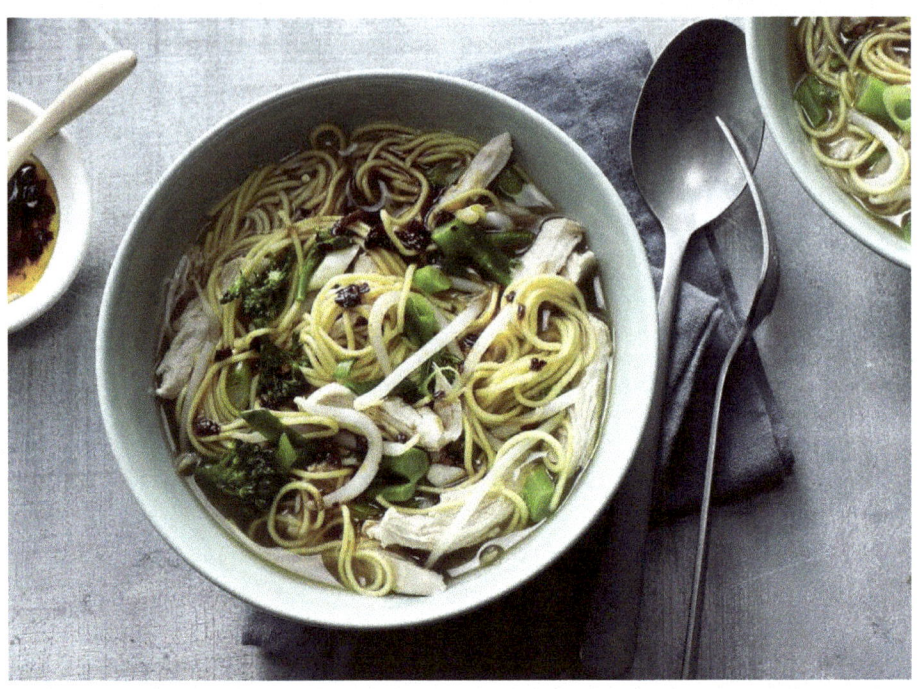

مكونات:
- 3 رات من دجاج التسمين / قلاية دجاج ، مقطع ومُقشر
- 2 ميد. جزر مقشر ومقطع
- ½ ج. البصل المفروم
- 2 سيقان كرفس مفروم
- 2 ملعقة صغيرة ملح
- 2 ملعقة صغيرة من رقائق البقدونس المجففة
- ¾ ملعقة صغيرة من أوراق البردقوش المجففة
- ملعقة صغيرة من أوراق الريحان المجففة
- ملعقة صغيرة بهار دواجن
- نصف ملعقة صغيرة فلفل
- 1 ورقة غار
- 8 ج. ماء
- 2 درجة مئوية. من نودلز البيض متوسطة الحجم غير مطبوخة

تعليمات:

a) ضع أول 4 مكونات في وعاء الفخار بالترتيب المدرج. يُمزج الملح مع 6 مكونات أخرى تُرش فوق الخضار. أضف 6 أكواب من الماء. يغطى ويطهى على درجة حرارة منخفضة من 8 إلى 10 ساعات. إزالة الدجاج وورق الغار. يضاف الكوبين المتبقيين من الماء. يُقلب في المعكرونة ويُطهى ، مُغطى ، على درجة حرارة عالية لمدة 20 دقيقة.

b) في هذه الأثناء ترفع العظام من الدجاج وتقطع الدجاج إلى قطع صغيرة الحجم. يُضاف إلى وعاء الفخار ويُحرّك المزيج.

c) يُطهى لمدة 15 دقيقة على مستوى عالٍ ، مغطى أو حتى تنضج المعكرونة.

41. شوربة مرق تركيا الجنوبية

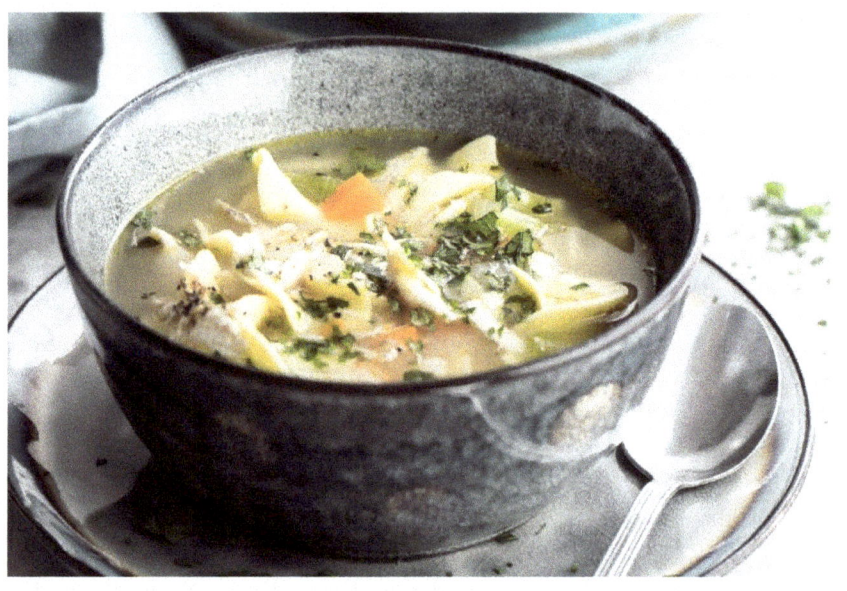

مكونات:

- 2 ملاعق صغيرة زيت جوز الهند
- 2 بصل مفروم
- 2 فص ثوم مفروم ناعماً
- ملعقة صغيرة زنجبيل مبشور طازج
- 2 طماطم مفرومة
- 1 ساق كرفس مفروم
- 1 ملعقة صغيرة ريحان مجفف
- 1/2 ملعقة صغيرة إكليل الجبل المجفف
- 1 ورقة غار
- ملعقة صغيرة فلفل أسود مطحون طازجًا
- ملعقة صغيرة فلفل أحمر مطحون
- ملح البحر حسب الرغبة
- 3 أفخاذ ديك رومي
- 4 أكواب مرق الخضار المحمص
- 1/4 كوب بقدونس طازج مفروم ناعماً

تعليمات:

a) اضغط على زر "Sauté" لتسخين القدر الفوري. الآن ، سخني الزيت. يُطهى البصل والثوم حتى يصبح طريًا ورائحة.

b) يُضاف الزنجبيل المبشور والطماطم والكرفس والريحان وإكليل الجبل وورق الغار والفلفل الأسود والفلفل الأحمر والملح وفخذ الديك الرومي ومرق الخضار.

c) قم بتأمين الغطاء. اختر الإعداد "اليدوي" واطهيه لمدة 15 دقيقة عند ضغط عالٍ. بمجرد اكتمال الطهي ، استخدم أداة تحرير سريعة للضغط ؛ قم بإزالة الغطاء بعناية.

d) إزالة فخذ الديك الرومي من مرق الحساء. تخلص من العظام ، افرم اللحم وأعده إلى القدر الفوري.

e) يضاف البقدونس الطازج ويقلب جيدا. تقدم في سلطانيات فردية. بالعافية!

42. حساء الدراج والأرز

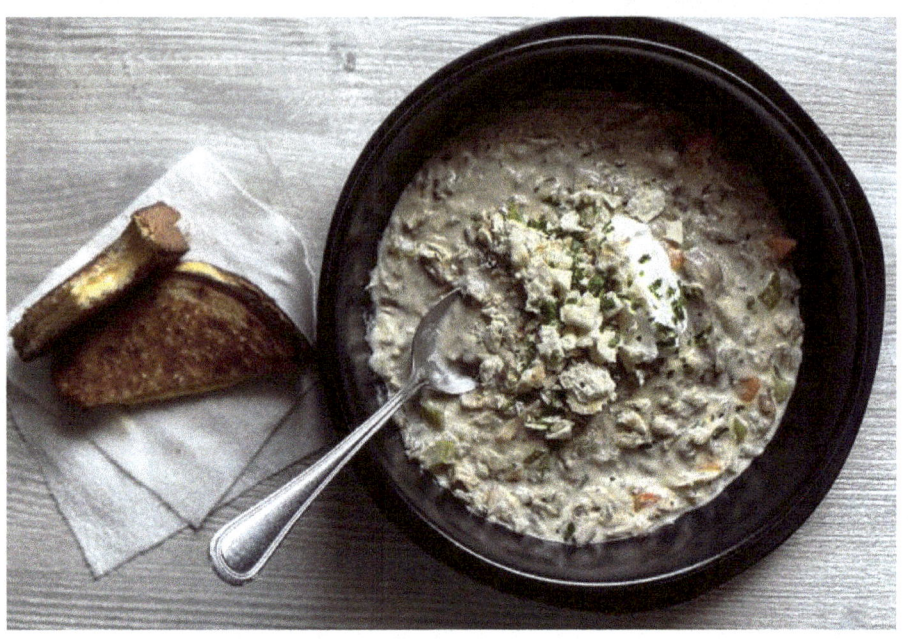

مكونات:

● 1 دراج يرتدي ملابس ، مقطعة إلى قطع
● ماء للتغطية

شوربة المرق:

● 1 كيو تي. مرق
● 1 جزرة مقطعة مكعبات (3/1 إلى! c.)
● 2 ملاعق كبيرة بصل مقطع إلى مكعبات
● ر ج. كرفس مقطع
● 1 كوب مكعبات دجاج مطبوخ
● 2 ملاعق كبيرة أرز
● ملاعق صغيرة ملح الكرفس
● ! ملاعق صغيرة ملح أو أكثر حسب الرغبة
● ملاعق صغيرة فلفل

تعليمات:

a) **للدراج:**يُغلى من 30 إلى 40 دقيقة حتى ينضج اللحم ويخرج العظام بسهولة. رائع. يرفع اللحم من العظام ويصفى المرق.

b) **لتحضير شوربة المرق:**يُمزج جميع المكونات ويُترك على نار خفيفة لمدة 15 دقيقة. يمكن عمل ذلك مسبقًا وإعادة تسخينه للخدمة. تقدم مع المقرمشات المقرمشة.

43. مرق عظم الدجاج

مكونات:

- 1 عظام دجاج
- 6 أكواب ماء
- نصف كوب من خل التفاح
- 1 ملعقة كبيرة ملح البحر

تعليمات:

a) أضف جميع المكونات في قدر الضغط الكهربائي Instant Pot.

b) يُغلق القدر بغطاء ويُطهى على الوضع اليدوي لمدة 60 دقيقة.

c) اتركه لتحرير الضغط بشكل طبيعي لمدة 10 دقائق ثم حرره باستخدام طريقة الإطلاق السريع.

d) يصفى المرق ويخزن.

44.   شوربة مرق الدجاج وجوز الهند

مكونات:

● 2 فص ثوم مفروم
● 2 ملاعق كبيرة زيت نباتي
● 4 ملاعق كبيرة مسحوق كاري
● 3 أكواب مرق دجاج
● عبوتين 14 أونصة من حليب جوز الهند غير المحلى
● 1 كوب ماء
● 2 سيقان من عشب الليمون ، الأوراق الخارجية مهملة ، الأطراف مشذبة ، 5 بوصات من السيقان السفلية مفرومة
● شرائح سمكها عشر إنش من الزنجبيل الطازج المقشر
● 1 ملعقة صغيرة فلفل أسود
● 1 صدر دجاج كامل مع الجلد والعظام (حوالي 1 رطل)
● نصف رطل من نودلز الأرز المجففة (أرز الشعيرية)
● 6 ملاعق كبيرة عصير ليمون طازج
● 6 ملاعق كبيرة صلصة السمك الآسيوية مثل nuoc mam
● كوب كزبرة طازجة مفرومة
● زيت الفلفل الحار الآسيوي حسب الرغبة

تعليمات:

a) في قدر ثقيل ، يُطهى الثوم في الزيت النباتي على نار خفيفة إلى حد ما ، مع التحريك حتى تفوح رائحته ، يُضاف مسحوق الكاري ويُطهى المزيج مع التحريك لمدة 30 ثانية. يُضاف المرق وحليب جوز الهند والماء وعشب الليمون والزنجبيل وحبوب الفلفل ويُغلى المزيج. يُضاف الدجاج ويُسلق على نار خفيفة لمدة 20 دقيقة أو حتى ينضج تمامًا. انقلي الدجاج بملعقة مثقوبة إلى وعاء واتركيها تبرد مع الاحتفاظ بمزيج السلق الدافئ.

b) أثناء تبريد الدجاج ، نقع النودلز في ماء دافئ لتغطيتها لمدة 5 دقائق في وعاء كبير ، ثم صفيها ، وفي قدر كبير من الماء المغلي المملح اطبخها لمدة 5 دقائق. صفي النودلز في مصفاة واشطفها بالماء البارد وصفيها جيدًا.

c) تخلصي من الجلد والعظام من الدجاج ، افرمي اللحم وقلبيه مع خليط السلق مع عصير الليمون وصلصة السمك. اطبخ حساء المرق على نار معتدلة مع التحريك حتى تسخن ، قسّم المعكرونة على 6 إلى 8 أوعية ، واغمر حساء المرق فوقها. رشي حساء المرق بالكزبرة ورشي عليها زيت الفلفل الحار.

45. شوربة مرق الدجاج بالفطر

مكونات:

- 2 ملاعق كبيرة زيت جوز الهند
- 1 كوب بصل مقطع
- 3 أعواد كرفس مقطعة إلى شرائح رفيعة
- 2 حبات كبيرة من الجزر ، مقطعة إلى شرائح رفيعة
- 1 رطل من الفطر المقطع مسبقًا والمُعزز بفيتامين د
- 10 فصوص ثوم متوسطة مفرومة
- 8 أكواب مرق دجاج غير مملح
- 4 أغصان زعتر
- 2 ورق غار 1 (15 أونصة) من الحمص غير المملح ومصفاة
- 2 رطل من صدور الدجاج منزوعة الجلد والعظام
- 1 ملعقة صغيرة ملح كوشير
- ملعقة صغيرة فلفل أحمر مطحون
- 12 أوقية كرنب مجعد ، تمت إزالة السيقان ، وأوراق ممزقة

تعليمات:

a) في فرن هولندي كبير ، سخني الزيت على نار متوسطة.

b) يضاف البصل والكرفس والجزر. ينضج لمدة 5 دقائق مع التحريك بشكل دوري. يُضاف الفطر والثوم ويُترك على نار خفيفة لمدة 3 دقائق مع التحريك المستمر.

c) أضف المرق والزعتر وأوراق الغار والحمص. جلب إلى يترك على نار خفيفة. أضيفي الدجاج والملح والفلفل الأحمر. غطي المزيج واطهيه لمدة 25 دقيقة أو حتى ينضج الدجاج.

d) نخرج الدجاج من الفرن الهولندي ونتركه جانباً ليبرد قليلاً. بشوكتين ، افرم اللحم. تجاهل العظام.

e) أضيفي الدجاج واللفت. يغطى ويطهى لمدة 5 دقائق ، أو حتى ينضج الكرنب بالكاد.

f) قم بإزالة أوراق الغار وأغصان الزعتر.

g) يخدم.

46. مرق الدجاج مع الأعشاب

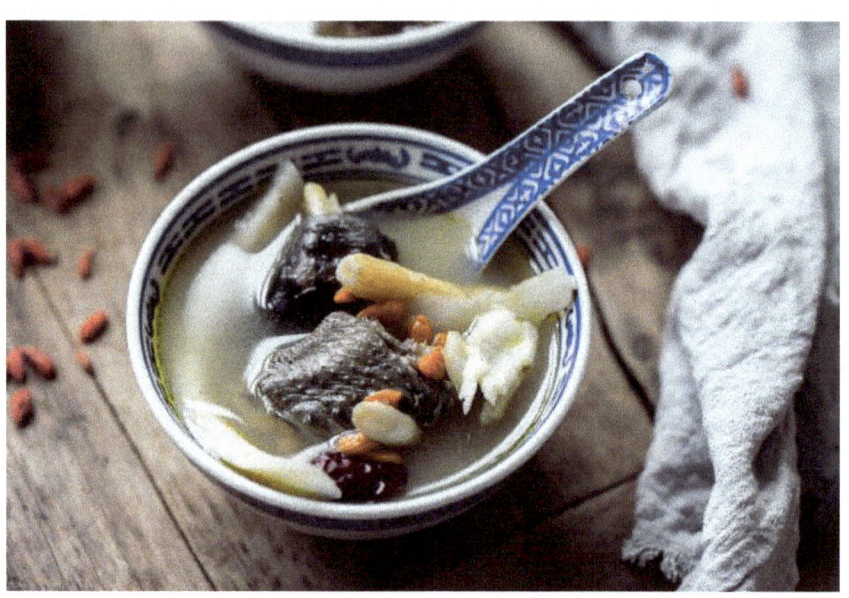

مكونات:
- 2½ رطل من عظام الدجاج
- 1 بصلة صغيرة غير مقشر ومقطع إلى النصف
- 1 ملعقة صغيرة أوراق الغار المجففة
- 1 غصن بقدونس طازج
- ملعقة صغيرة فلفل أسود كامل
- نصف ملعقة صغيرة زعتر
- ¼ ملعقة صغيرة ريحان مجفف
- 8 أكواب ماء
- 1 ملعقة صغيرة ملح البحر

تعليمات:
a) صب الماء في قدر الضغط الكهربائي Instant Pot.
b) ضع كل المكونات في الماء
c) أغلق غطاء الوعاء الفوري وأدر مقبض تحرير الضغط إلى الوضع المحكم.
d) حدد الوظيفة اليدوية ؛ اضبطي على الضغط العالي واضبطي المؤقت على 60 دقيقة
e) عندما يصدر صوتا حرر البخار لمدة 10 دقائق وافتح غطاء القدر الفوري.
f) صفي المرق المحضر من خلال مصفاة شبكية وتخلصي من جميع المواد الصلبة ، وأزيلي جميع الدهون السطحية وقدميه ساخناً.

47. دجاج حار بحليب جوز الهند

مكونات:

- 1 رطل من الدجاج منزوع العظم والجلد ، مكعبات
- 1 ملعقة طعام فلفل أحمر سامبال
- 3 ملاعق كبيرة سمن
- نصف ملعقة صغيرة من بذور الخردل
- 8 أوراق كاري طازجة
- 2 ملاعق صغيرة معجون الزنجبيل والثوم
- 2 حبة طماطم صغيرة مفرومة
- ملعقة صغيرة مسحوق كركم
- ملح طعام حسب الرغبة
- الماء حسب الحاجة
- حليب جوز الهند للتزيين

تعليمات:

a) في وعاء ، اخلطي الدجاج مع السمبال. توضع جانبا لمدة 15 دقيقة.

b) سخني السمن في مقلاة متوسطة الحجم. أضف بذور الخردل. عندما تبدأ في التبخر ، أضيفي أوراق الكاري ومعجون الزنجبيل والطماطم.

c) يقلى لمدة 8 دقائق ثم يضاف الكركم والملح ويقلب جيدا. يُضاف حوالي كوب من الماء ويُطهى بدون غطاء لمدة 10 دقائق.

d) يُضاف الدجاج (مع كل الفلفل الأحمر الحار) ويُطهى على نار متوسطة حتى ينضج الدجاج ، حوالي 5 دقائق.

e) يُزين بحليب جوز الهند ويُقدّم ساخناً.

48. شوربة رينبو فيجي مرق الدجاج

مكونات:

- 2 ملاعق كبيرة زيت زيتون
- 1 رطل دجاج
- 1 بصلة صفراء مفرومة
- 2 فص ثوم مفروم
- 1 حبة فليفلة حمراء ، منزوعة البذور ومقطعة إلى شرائح
- 1 حبة فليفلة خضراء ، منزوعة البذور ومقطعة إلى شرائح
- 1 فلفل برتقال ، منزوع البذور ومقطع إلى شرائح
- 1 جزرة مقطعة شرائح رقيقة
- 1 جزر أبيض ، مقطعة شرائح رقيقة
- ربع كوب من نبيذ الورد
- ملح البحر والفلفل الأسود المطحون حسب رغبتك
- ½ ملعقة صغيرة شبت مجفف
- ملعقة صغيرة زعتر مجفف
- 1 ملعقة كبيرة مرقة دجاج حبيبات
- 4 أكواب ماء

تعليمات:

a) اضغط على الزر "Sauté" لتسخين وعاء التحضير السريع ؛ الآن ، سخني الزيت حتى يصدر أزيز. ثم اقلي البصل والثوم حتى يصبح طريًا ورائحته.

b) يضاف الفلفل والجزر والجزر الأبيض. يُطهى لمدة 3 دقائق إضافية أو حتى تنضج الخضار. أضف القليل من نبيذ الورد لإزالة اللمعان من قاع الوعاء الفوري.

c) ثم أضيفي باقي المكونات. يحرك المزيج جيدًا.

d) قم بتأمين الغطاء. اختر وضع "حساء المرق" والضغط العالي ؛ طهي لمدة 20 دقيقة. بمجرد اكتمال الطهي ، استخدم ضغطًا سريعًا. قم بإزالة الغطاء بعناية.

e) أخرجي أجنحة الدجاج من سائل الطهي. تخلص من العظام وتقطع اللحم.

f) يُضاف لحم الدجاج إلى القدر الفوري ويُحرّك ويُقدّم ساخناً. بالعافية!

49. شوربة مرق الدجاج الحارة

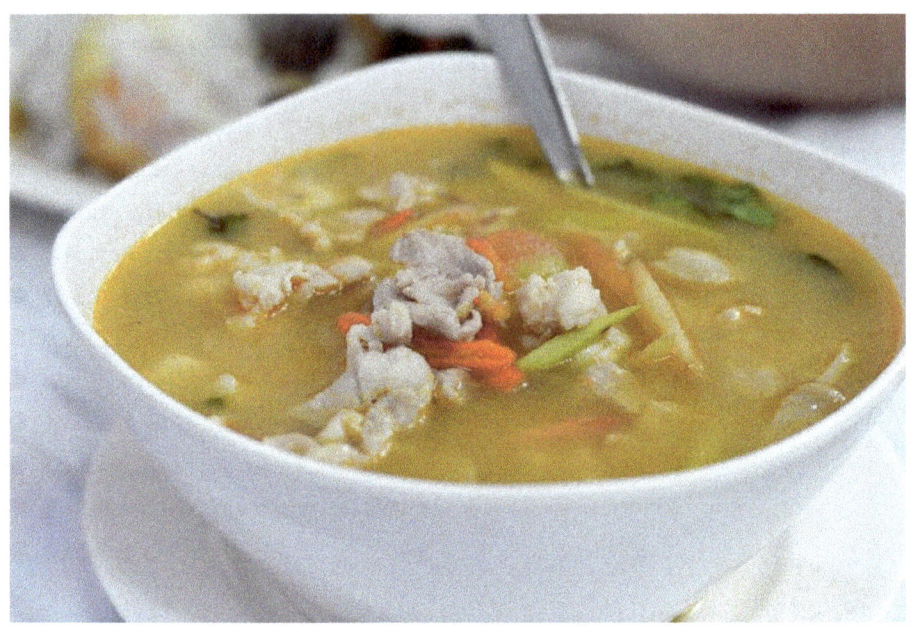

مكونات:
- 2 ملاعق كبيرة زيت بذور العنب
- 2 حبة موز من الكراث المفروم
- 4 فص ثوم مفروم
- 1 كوب فطر كريميني مقطع إلى شرائح
- 2 حبة فليفلة ، منزوعة البذور ومقطعة إلى شرائح
- 1 فلفل سيرانو ، منزوع البذور ومقطع إلى شرائح
- 2 طماطم ناضجة مهروسة
- 1 ملعقة صغيرة مسحوق بورسيني
- 2 ملاعق كبيرة من النبيذ الأبيض الجاف
- ملح البحر والفلفل الأسود المطحون حسب رغبتك
- 1 ملعقة صغيرة ريحان مجفف
- ½ ملعقة صغيرة من أعشاب الشبت المجففة
- 5 أكواب مرق ويفضل أن تكون منزلية الصنع
- 4 أجنحة دجاج

تعليمات:
a) اضغط على زر "Sauté" وقم بتسخين الزيت. بمجرد أن يسخن ، اقلي الكراث حتى يصبح طريًا ورائحته عطرية.

b) أضيفي الثوم والفطر والفلفل. يُطهى لمدة 3 دقائق إضافية أو حتى ينضج.

c) الآن ، أضيفي الطماطم ومسحوق البورسيني والنبيذ الأبيض والملح والفلفل الأسود. أضيفي باقي المكونات وقلبي حتى تمتزج.

d) قم بتأمين الغطاء. اختر الوضع "اليدوي" والضغط العالي ؛ طهي لمدة 18 دقيقة. بمجرد اكتمال الطهي ، استخدم ضغطًا سريعًا.

e) تأكد من تحرير أي بخار متبقي وإزالة الغطاء بعناية. تُرفع أجنحة الدجاج من القدر الفوري. تخلص من العظام واقطع اللحم.

f) يُضاف لحم الدجاج مرة أخرى إلى القدر الفوري. تغرف في أوعية فردية وتقدم دافئة. بالعافية!

50. ليزي تشيكن كارنيتاس

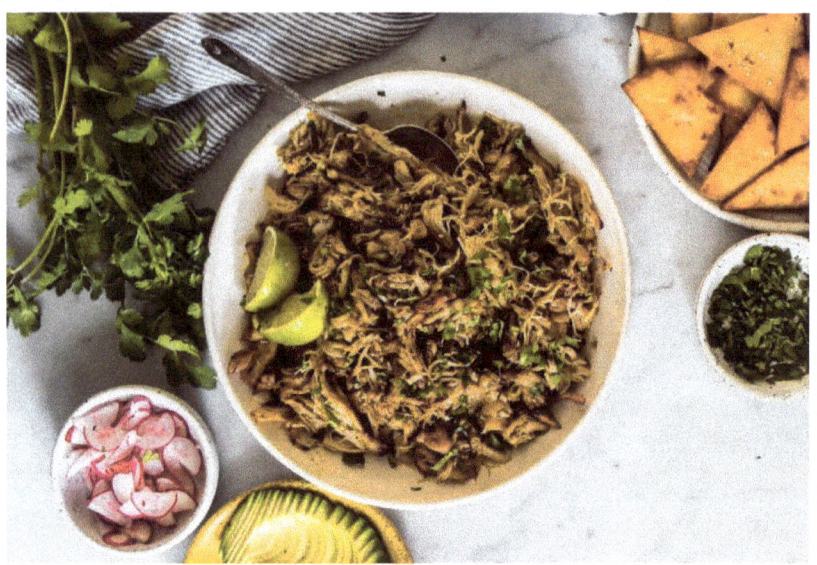

مكونات:

- 3 أرطال دجاج كاملة ، مقطعة إلى قطع
- 3 فصوص ثوم مضغوطة
- 1 فلفل حار مفروم
- 1 ملعقة طعام زيت أفوكادو
- كوب مرق خضار مشوي
- ملح البحر حسب الرغبة
- ½ ملعقة صغيرة من ورق الغار المطحون
- نصف ملعقة صغيرة فلفل حريف
- ملعقة صغيرة بابريكا
- نصف ملعقة صغيرة فلفل أسود
- 1 كوب قشطة للتقديم
- 2 ملاعق كبيرة ممتلئة من الكزبرة الطازجة المفرومة

تعليمات:

a) ضع جميع المكونات المذكورة أعلاه ، باستثناء الكريمة الطازجة والكزبرة الطازجة ، في وعاء التحضير الفوري.

b) قم بتأمين الغطاء. اختر إعداد "الدواجن" واطهيه لمدة 15 دقيقة. بمجرد اكتمال الطهي ، استخدم أداة تحرير سريعة للضغط ؛ قم بإزالة الغطاء بعناية.

c) افرم الدجاج بشوكتين وتخلص من العظام. أضف القليل من الكريمة الطازجة إلى كل وجبة وزينها بالكزبرة الطازجة. يتمتع!

51. مرق الديك الرومي

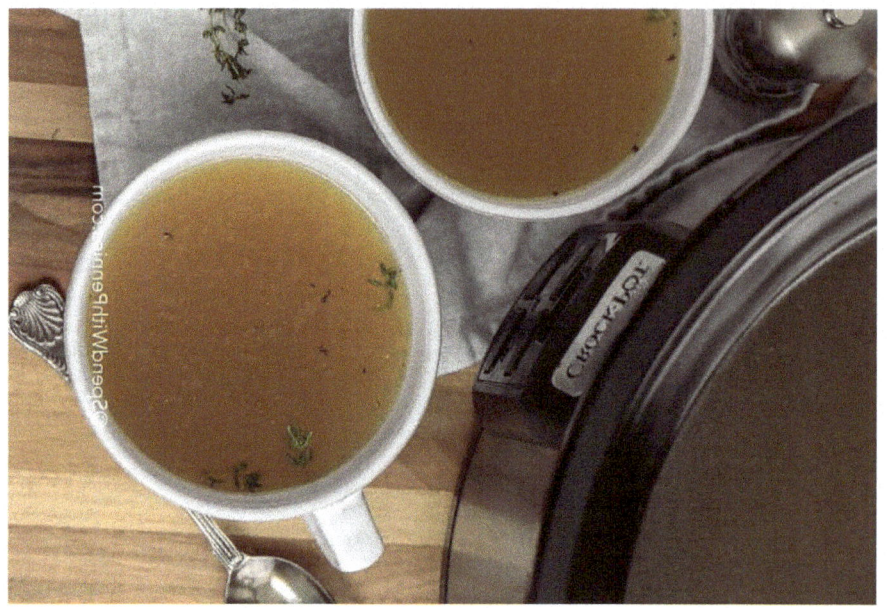

مكونات:

- 5 أرطال من عظام / إطارات الديك الرومي ، مغسولة بالماء البارد
- 1 جالون ماء بارد
- 12 أوقية ميريبويكس
- كيس (1 ورقة غار ، 2 أغصان زعتر طازج ، 5 حبات فلفل أسود كامل ، و 3 سيقان بقدونس ، ملفوفة جميعًا في قماش قطني ومربوطة بخيوط جزار)

تعليمات:

a) توضع عظام الديك الرومي في قدر مرق وتُغطى بالماء البارد. جلب إلى يترك على نار خفيفة. عندما تبدأ الشوائب في الارتفاع إلى السطح ، قم بإزالتها وتجاهلها.
b) أضف الكيس والميرابوا إلى وعاء المرق. قم بالطهي على نار هادئة لمدة 3-6 ساعات ، وقم بالقشط بشكل متكرر. لا تسمح للغليان.
c) قم بإعداد غربال شبكي متوسط إلى ناعم يوضع فوق وعاء أو وعاء من الفولاذ المقاوم للصدأ.
d) مغرفة المرق من خلال غطاء الصين أو chinois إلى
e) لتبريد المرق بسرعة ، املأ الحوض ببعض الماء المثلج وضع الحاوية مع المرق المصفى في حمام جليدي. يُحفظ في الثلاجة حتى تتصلب جميع الدهون المتبقية على السطح.
f) ارفع أو اقشط الدهون من المرق البارد.
g) استخدم المرق كأساس للمرق أو الحساء أو في حشواتك.

52. حساء الطماطم وجوز الهند التايلاندي

مكونات:

- 1 ملعقة طعام زيت جوز الهند
- ½ بصلة متوسطة مفرومة
- 2 فص ثوم مفروم
- 2 ملعقة صغيرة زنجبيل مبشور
- 1 ملعقة صغيرة ليمون ، مطحون
- 2 (14 أونصة) علبة طماطم مقطعة
- علبة (14 أونصة) من صلصة الطماطم
- 2 2/1 كوب مرق دجاج عظم
- علبة (14 أونصة) من حليب جوز الهند كامل الدسم غير محلى
- 1 ملعقة صغيرة بهار جارام ماسالا
- نصف ملعقة صغيرة كركم
- نصف ملعقة صغيرة جوزة الطيب
- ملح البحر والفلفل الأسود المطحون حديثًا حسب الرغبة

تعليمات:

a) سخني زيت جوز الهند في قدر كبير على نار متوسطة عالية. أضف البصل والثوم والزنجبيل والليمون إلى الزيت المذاب. يُقلى لمدة دقيقة إلى دقيقتين أو حتى يصبح البصل طريًا وشفافًا.

b) أضف مكعبات الطماطم وصلصة الطماطم والمرق. بمجرد أن يغلي الخليط ، اخفض الحرارة إلى درجة منخفضة. يُضاف باقي المكونات ويُحرَّك ويُغطّى ويُترك على نار خفيفة لمدة 15 دقيقة.

c) انقل المحتويات إلى محضر الطعام واخلطها حتى تحصل على حساء ناعم لطيف. يقدم ساخنا.

53. قرنبيط فيشيسواز

مكونات:

- 2 ملاعق كبيرة سمن
- 1 فص ثوم مفروم
- 2 حبة كراث ، مقطعة إلى حلقات رفيعة
- 4 أكواب (1 لتر) مرق عظم الدجاج
- نصف كوب من حليب جوز الهند المعلب كامل الدسم
- 3 أكواب من زهيرات القرنبيط
- نصف ملعقة صغيرة زعتر
- 1 ملعقة صغيرة ملح سلتيك أو ملح الهيمالايا الوردي
- نصف ملعقة صغيرة فلفل أسود
- نصف ملعقة صغيرة مخلوطة مع ملعقة كبيرة ماء

تعليمات:

a) تذوب السمن في غلاية كبيرة على نار متوسطة عالية. أضيفي الثوم والكراث وخففي الحرارة إلى متوسطة منخفضة. يقلى لمدة 6 إلى 8 دقائق حتى يلين.

b) ارفعي الحرارة إلى متوسطة - عالية وأضيفي المرق وحليب جوز الهند والقرنبيط والزعتر والملح والفلفل. عندما تبدأ حساء المرق في الغليان ، خففي الحرارة إلى متوسطة منخفضة واتركيه على نار هادئة لمدة 15 إلى 20 دقيقة حتى ينضج القرنبيط.

c) اهرسها باستخدام خلاط يدوي أو خلاط أو معالج طعام حتى تصبح ناعمة ودسمة. ارجع إلى الغلاية وأضف نبات الأرروت. يُطهى على نار خفيفة حتى يثخن حساء المرق ، ويُضاف المزيد من نباتات الأرروت إذا كنت ترغب في شوربة مرق أكثر سمكًا.

54. مرق عظم الدجاج والزنجبيل

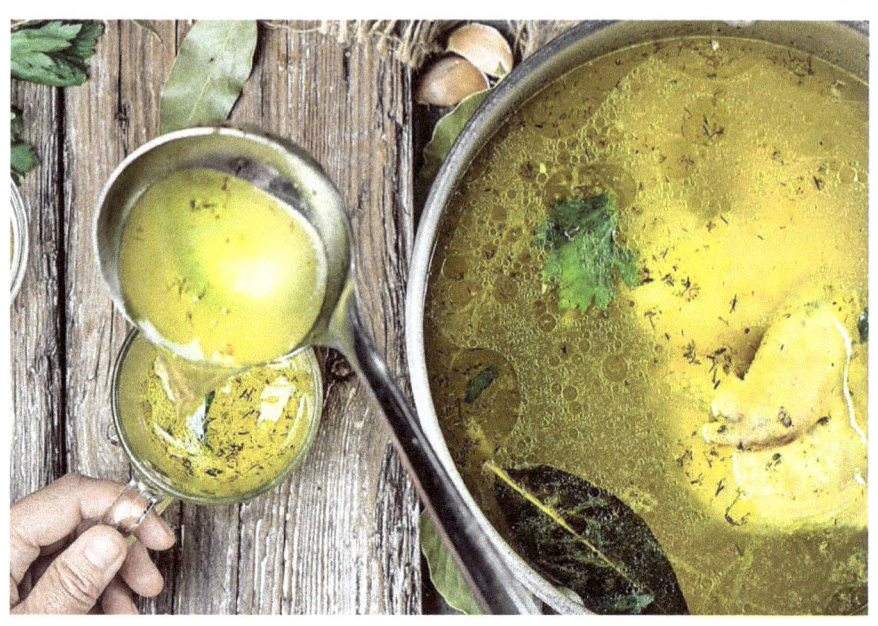

مكونات:

- 2 رطل عظام دجاج
- 1 بصلة صفراء أو بيضاء مفرومة خشنة
- 2 أونصة من الزنجبيل الطازج، المقطّع إلى شرائح
- 2 ملاعق كبيرة خل التفاح
- 1 ملعقة كبيرة فلفل كامل
- 2 ورق الغار
- 10-8 أكواب ماء

تعليمات:

a) توضع عظام الدجاج وجميع المكونات المتبقية في قدر بطيء وتغطى بالماء.
b) يُغطّى ويُطهى على نار خفيفة لمدة 12-18 ساعة.
c) تخلص من جميع المواد الصلبة وصفي مرق العظام من خلال مصفاة شبكية دقيقة في وعاء كبير. صفيها مرة أخرى من خلال القماش القطني لإزالة أي جزيئات متبقية إذا رغبت في ذلك.
d) اغسلها في برطمانات محكمة الغلق وخزنها في الثلاجة لمدة تصل إلى أسبوعين ، أو قم بتجميدها لاستخدامها في المستقبل.

الطبخ مع BROTH

55. سلطة مرق كينوا

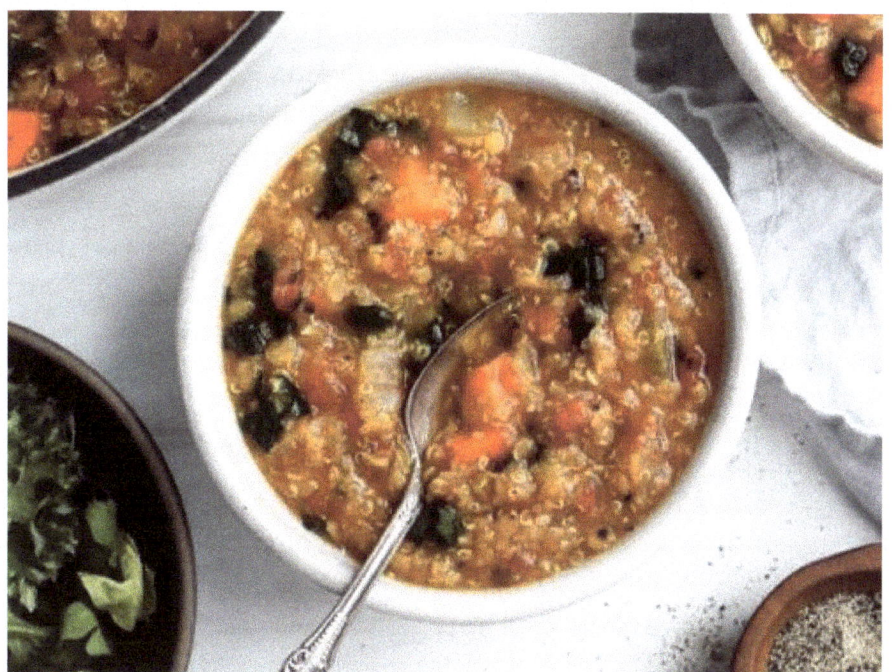

مكونات:

● 2 كوب كينوا غير مطبوخة
● 3 أكواب مرق دجاج
● 1 عبوة 5 أونصات من خليط الربيع
● 1 طماطم كرزية ، مقطعة إلى أنصاف
● نصف كوب زيت زيتون بكر ممتاز
● ملح كوشير حسب الرغبة
● فلفل أسود مطحون طازجًا حسب الرغبة
● عصير 1 ليمونة

تعليمات:

a) اشطف الكينوا تحت الماء الجاري البارد.
b) انقلي الكينوا المنظفة إلى قدر كبيرة ، أضيفي مرق العظام واتركيها حتى الغليان. قم بتبديل الحرارة إلى درجة حرارة منخفضة واتركها تنضج لمدة 15-25 دقيقة حتى تنضج الكينوا ويتم امتصاص كل السائل.
c) بمجرد طهي الكينوا ، يُرفع عن النار ويُترك ليبرد تمامًا.
d) في وعاء كبير أو في نفس القدر ، أضيفي مزيج الربيع والطماطم الكرزية وزيت الزيتون والملح والفلفل وعصير الليمون. اخلط حتى تمتزج جميع المكونات جيدًا. يتمتع!

.56 كسكس الخضار المشوي شيبوتل

مكونات:

- 12 أوقية من مزيج الخضار المقلي الآسيوي المجمد (بروكلي ، ذرة صغيرة ، فطر ، جزر ، فاصوليا خضراء)
- 2 ملاعق كبيرة زيت زيتون بكر ممتاز مقسمة
- نصف كوب بصل أحمر مقطع إلى مكعبات
- 1 كوب حبات ذرة مجمدة
- 1 كوب مرق دجاج عظم
- الملح والفلفل حسب الذوق
- 2 ملاعق صغيرة صلصة شيبوتلي أدوبو
- نصف كوب كسكس عادي
- نصف ملعقة صغيرة من قشر الليمون
- 2 ملاعق كبيرة عصير ليمون

تعليمات:

a) يسخن الفرن إلى 425 درجة فهرنهايت. ضعي الخضار في الميكروويف على نار عالية لمدة 5 دقائق. ثم تقطع إلى قطع صغيرة. ضع على صينية الخبز يغطى بملعقة كبيرة من الزيت. اخبزي لمدة 10-12 دقيقة مع التحريك مرة واحدة في المنتصف أو حتى يصبح لونها بني فاتح.

b) يُسخن قدرًا متوسطًا على درجة حرارة متوسطة تتراوح من 1-2 دقيقة. نضع ملعقة الزيت المتبقية في المقلاة ، ثم نضيف البصل والذرة. يُطهى ويُحرَّك لمدة 2-3 دقائق أو حتى ينضج البصل. يُضاف مرق عظام الدجاج ، ويُتبّل بملعقة صغيرة من ملح البحر والفلفل ، ويُضاف صلصة شيبوتلي أدوبو ؛ يجلب ليغلي.

c) ارفعي المقلاة عن الحرارة. يحرك الكسكس ويغطى ويترك لمدة 5 دقائق. في هذه الأثناء ، قشر الليمون المبشور وعصر الليمون للحصول على العصير (ملعقتان كبيرتان).

d) زغب الكسكس بالشوكة. أضيفي (قلّبي برفق) الخضار المشويّة والقشر والعصير. يتمتع!

57. جنوب كولارد جرينز

مكونات:

- 4 شرائح من لحم الخنزير المقدد ، مقطعة إلى قطع بوصة
- 1 بصلة متوسطة الحجم مقطعة مكعبات
- الملح كوشير
- 3 فصوص ثوم مفروم
- 6 أكواب مرق دجاج عظم
- حزمتان من خضر الكرنب الطازج ، مقطوعان ومقطعان خشناً
- فلفل أسود مطحون طازجاً

تعليمات:

a) اضبط رف الفرن على الوضع الأوسط السفلي وقم بتسخين الفرن إلى 350 درجة فهرنهايت.

b) يُطهى لحم الخنزير المقدد في فرن هولندي كبير على نار متوسطة عالية لمدة دقيقتين تقريبًا حتى تبدأ الدهون في التقديم.

c) يقلب البصل ورشة ملح. يُطهى حتى ينضج البصل ، حوالي 5-7 دقائق. يضاف الثوم ويقلب لمدة 30 ثانية.

d) يُضاف مرق العظام ويُترك على نار هادئة. أضف الخضر ، حفنة في كل مرة ، حتى تذبل.

e) غطي القدر وضعي القدر في الفرن. يُطهى لمدة 45 دقيقة أو حتى تنضج الخضر. اخرجه من الفرن. يتبل بالمزيد من الملح والفلفل الأسود. تقدم مع الصلصة الحارة.

58. مرق البروكلي على البخار

مكونات:

- 1 رطل من زهور البروكلي (حوالي رأسين)
- 2 ملاعق كبيرة زيت جوز الهند
- 2 ملاعق صغيرة ثوم مفروم
- نصف كوب مرق دجاج عظم
- نصف ملعقة صغيرة ملح بحر أو أكثر حسب الرغبة
- 1 ملعقة كبيرة أمينو جوز الهند (اختياري)

تعليمات:

a) تحضير البروكلي عن طريق إزالة السيقان والتقطيع إلى زهيرات إذا كنت تستخدم رؤوس البروكلي. اجلس جانبا.

b) في مقلاة كبيرة (مع غطاء) ، سخني زيت جوز الهند على نار متوسطة لمدة 5 دقائق. (قد يستغرق تسخين الزيت على موقد الغاز وقتًا أقل).

c) يضاف الثوم ويقلب حتى تفوح رائحته لمدة 30 ثانية.

d) ضعي زهيرات البروكلي في المقلاة ، ثم أضيفي الملح ، وقلّبيها لمدة دقيقة تقريبًا.

e) يُسكب الماء أو المرق فوق البروكلي ويُغطى بالبخار لمدة 5 دقائق أو حتى ينضج البروكلي.

f) اختياريًا ، قم بتقليب ملعقة كبيرة من أحماض جوز الهند لإضافة القليل من نكهة أومامي. يتمتع!

59. مرق بيض غارق

The picture can't be displayed.

مكونات:
- 8 طماطم روما ، محمصة
- 1 كوب كزبرة طازجة ، معبأة بإحكام
- 3 فصوص ثوم
- 1 فلفل هابانيرو (اختياري)
- كوب بصل أبيض مقطع تقريبًا
- كوب مرق دجاج بالعظم
- ملح للتذوق
- 6 بيضات
- فلفل أسود مطحون طازجاً

تعليمات:
a) يسخن الفرن إلى 350 درجة فهرنهايت. شوي طماطم روما لمدة 10 دقائق. في غضون ذلك ، تحضير المكونات الأخرى.

b) عندما تنضج الطماطم ، اربعها. امزج جميع المكونات في معالج الطعام أو الخلاط. اضافة قرصة من الملح. قطع الخفق حتى لا يتبقى قطع كبيرة. لقد صنعت للتو صلصة رائعة!

c) ضع كوبين من الصلصة في مقلاة كبيرة غير لاصقة. كسر ووضع 6 بيضات في الصلصة. لا تتداخل مع البيض.

d) غطي المزيج واتركيه يغلي (حوالي 5 دقائق). اخفض الحرارة إلى متوسطة واتركها على نار خفيفة لمدة 3-5 دقائق أخرى بناءً على مدى رغبتك في نضج البيض.

e) يُرش بالفلفل الأسود المطحون حديثًا ويُزين بأوراق الكزبرة. يخدم!

60. مرق العظام بيض مطهو على البخار

مكونات:

● 3 بيضات
● 1 كوب مرق دجاج عظم
● 1 ملعقة كبيرة أمينو جوز الهند أو صلصة الصويا
● بصل أخضر مقطع للتزيين

تعليمات:

a) يخفق البيض في وعاء متوسط الحجم آمن للبخار. أضف مرق عظام الدجاج وأمينات جوز الهند. يُمزج جيداً.

b) أضف بعض الماء في قدر أكبر من الوعاء. ضع الوعاء داخل القدر ، واترك الماء يصعد 1 بوصة خارج الوعاء.

c) قم بتغطية الحرارة وتحويلها إلى درجة حرارة عالية. بخار لمدة 8 دقائق دون إزعاج. تحقق لمعرفة ما إذا كان البيض قد تجمد. إذا كانت لا تزال سائلة ، أضف 2-5 دقائق من وقت الطهي.

d) قم بإخراج البيض المبخر بعناية من القدر باستخدام قفازات الفرن. يرش البصل الأخضر المفروم. يتمتع!

61. مرق عظم بيض مطبوخ بالبخار مع جندوفلي

مكونات:

- 1 كوب مرق دجاج عظم
- 3 بيضات
- 1 ملعقة كبيرة أمينو جوز الهند أو صلصة الصويا
- 2 ملاعق طعام من نبيذ شاوشينغ أو شيري
- 10-8 محار
- بصل أخضر مقطع للتزيين

تعليمات:

a) في قدر متوسط الحجم ، أضيفي مرق عظام الدجاج ونبيذ الطهي. يُغلى المزيج ثم يُضاف المحار. غطي المزيج للطهي لمدة 5 دقائق. في هذه المرحلة ، يجب أن يبدأ المحار في الفتح.

b) يُرفع المحار ويوضع جانباً. دع سائل الطهي يبرد تمامًا.

c) يخفق البيض في وعاء متوسط الحجم آمن للبخار. يُضاف سائل الطبخ البطلينوس وأمينات جوز الهند. يُمزج جيداً. ضعي المحار في خليط البيض.

d) استخدم نفس القدر ، أضف بعض الماء. ضع وعاء خليط البيض بداخله ، واترك الماء يصعد 1 بوصة خارج الوعاء.

e) قم بتغطية الحرارة وتحويلها إلى درجة حرارة عالية. بخار لمدة 8 دقائق دون إزعاج. تحقق لمعرفة ما إذا كان البيض قد تجمد. إذا كان لا يزال مائيًا ، أضف 2-5 دقائق من وقت الطهي.

f) قم بإخراج البيض المبخر بعناية من القدر باستخدام قفازات الفرن. يُزين بالبصل الأخضر المفروم. يتمتع!

62.   مابو التوفو الخالي من الغلوتين

مكونات:

- قطعة واحدة (16 أونصة) من التوفو الناعم
- 4 أونصات لحم بقري مفروم أو لحم خنزير مفروم
- 1 ملعقة صغيرة زيت سمسم
- 2 ملاعق صغيرة من نبيذ شاوشينغ أو شيري جاف
- 1 ملعقة صغيرة نشا ذرة
- نصف ملعقة صغيرة ملح البحر
- 3 ملاعق كبيرة زيت نباتي ، مقسمة
- 1 ملعقة كبيرة زنجبيل مفروم
- 2 ملاعق صغيرة ثوم مفروم
- 1 مكس مرق لحم بقري
- 1 ملعقة كبيرة زيت فلفل حار مع جوامد الفلفل
- ملعقة صغيرة من فلفل سيتشوان المطحون ناعماً (المعروف أيضًا باسم الفلفل المخدر)
- 1 ملعقة كبيرة نشا ذرة مذاب في 2 ملاعق كبيرة ماء بارد
- نصف ملعقة صغيرة سكر بني
- ملح وفلفل حسب الرغبة (يفضل أن يكون فلفل سيتشوان المخدر ناعمًا)
- بصل أخضر مقطع للتزيين

تعليمات:

a) قطع التوفو إلى مكعبات نصف بوصة.

b) في قدر متوسطة الحجم ، ضعي كمية كبيرة من الماء المملح حتى الغليان وضعي التوفو برفق في الماء المغلي. اتركه يطهى لمدة دقيقتين. بالُوعَة.

c) يُمزج اللحم المفروم أو لحم الخنزير مع زيت السمسم والنبيذ وملعقة صغيرة من نشا الذرة (مذاب في ملعقتين كبيرتين من الماء البارد) ونصف ملعقة صغيرة ملح في وعاء متوسط الحجم. اخلط جيدا.

d) في مقلاة كبيرة أو مقلاة ، سخني 1 ملعقة كبيرة زيت على نار متوسطة لمدة دقيقة واحدة. حمّر اللحم المتبل بالزيت ، قسّمه إلى قطع صغيرة باستخدام الملعقة ، حوالي 4-5 دقائق. انقل اللحم إلى نفس الوعاء الذي تستخدمه لتتبيل اللحم واتركه جانبًا.

e) أضف 2 ملاعق كبيرة أخرى من الزيت في نفس المقلاة. احتفظي بالحرارة المتوسطة. يُضاف الزنجبيل والثوم ويُطهى المزيج حتى تفوح رائحته لمدة دقيقة تقريبًا.

f) صب المرق في المقلاة. ارفع النار إلى درجة حرارة عالية واترك المرق ليغلي.

g) أضف مكعبات التوفو ، ولحم البقر ، وزيت الفلفل الحار مع الفلفل الصلب ، وفلفل سيتشوان في المرق. رجي المقلاة لتوزيع الصلصة باستخدام ملعقة خشبية لدفع التوفو برفق. اخفض الحرارة حتى ينضج لمدة 6-8 دقائق.

h) في غضون ذلك ، تذوب 1 ملعقة كبيرة من نشا الذرة في 2 ملعقة كبيرة من الماء البارد.

i) رش خليط نشا الذرة في خليط التوفو. ادفعه مرة أخرى ببطء ، وأضف السكر البني واستمر في غلي التوفو في الصلصة حتى يصبح سميكًا ، لمدة دقيقتين تقريبًا. تذوق وأضف المزيد من الملح إذا رغبت في ذلك.

j) طبق ، يرش بفلفل سيشوان المخدر المطحون ناعماً أو الفلفل الأسود المطحون ، مقبلات بالبصل الأخضر المفروم ويقدم فوق الأرز.

63.   تكس مكس تشيلي كون كويسو

مكونات:
- 1 ملعقة كبيرة زيت زيتون بكر ممتاز
- كوب بصل أصفر مفروم ناعماً
- 2 فص ثوم مفروم
- 1 فلفل حار مفروم ناعماً
- 1 ملعقة صغيرة كمون مطحون
- نصف ملعقة صغيرة ملح
- 2 ملاعق كبيرة نشا ذرة
- 1 كوب مرق دجاج عظم
- 8 قطع جبن أمريكي ، مقطعة
- 1 كوب طماطم مقطعة
- كزبرة طازجة للتزيين (اختياري)

تعليمات:
a) في مقلاة من الحديد الزهر أو قدر متوسط الحجم ، سخني الزيت على نار متوسطة واقلي البصل والثوم والهلابينو (إذا كان يستخدم طازجًا) مع الكمون والملح ونشا الذرة لمدة 2 إلى 3 دقائق ، حتى يصبح البصل شفافًا.

b) يُضاف المرق ويُطهى لمدة 3 إلى 4 دقائق. قلبي باستمرار ، واتركي الصلصة تتكاثف.

c) أضف الجبن والطماطم. يُطهى الكيسو بعناية على نار خفيفة لمدة 3 إلى 5 دقائق. قلّب واضبط سمكها لتناسب ذوقك بإضافة المزيد من المرق أو الجبن.

d) قدميها ساخنة مع رقائق التورتيلا.

.64 انتشلادا تركيا بالثوم

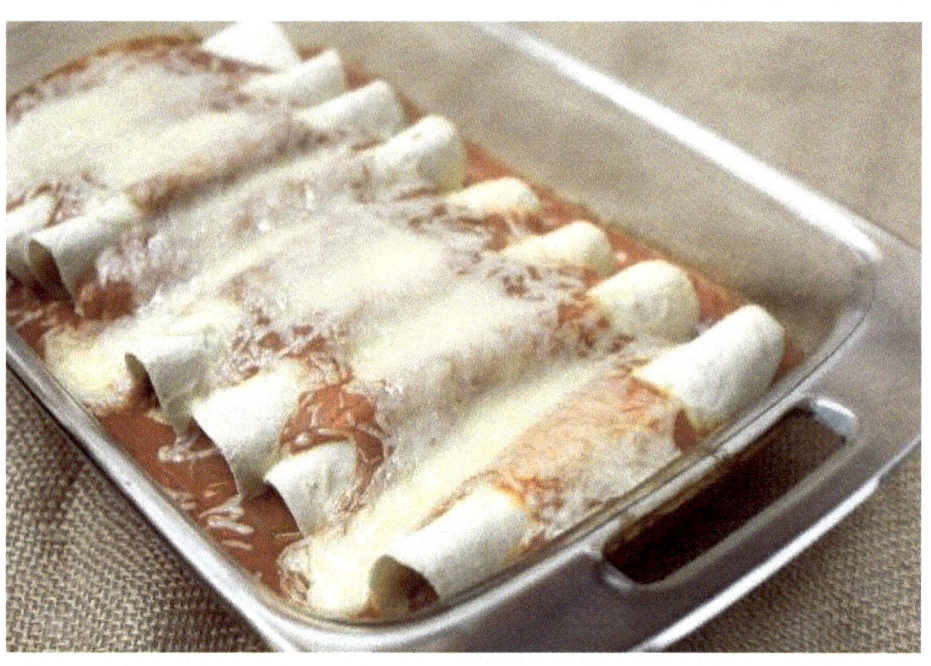

مكونات:

لحشو إنكيلادا:

- 1 ملعقة كبيرة زبدة غير مملحة
- 1 بصلة متوسطة مفرومة
- 4 أكواب ديك رومي مطبوخ ، مقطع إلى مكعبات
- 2 ملاعق كبيرة دقيق لجميع الأغراض
- 1 ملعقة طعام من مسحوق الفلفل الحار
- 1 ملعقة صغيرة ملح البحر
- 1 ملعقة صغيرة بودرة ثوم
- ½ ملعقة صغيرة كمون مطحون
- ¼ ملعقة صغيرة حكيم مطحون
- 1 (14.5 أونصة) يمكن طهي الطماطم

لتحضير صلصة الانتشلادا:

- 6 فص ثوم مفروم
- نصف كوب زبدة غير مملحة
- ½ كوب دقيق متعدد الاستعمالات
- 2 كوب مرق دجاج عظم (1 كرتون)
- 1 علبة صلصة طماطم (15 أونصة)
- 2 ملاعق طعام من مسحوق الفلفل الحار
- 2 ملاعق صغيرة كمون مطحون
- 1 ملعقة صغيرة حكيم مطحون
- نصف ملعقة صغيرة ملح البحر
- 1 اندفاعة من مسحوق الثوم

لتجميع:

- 10 تورتيلا كبيرة
- 2 كوب جبن مكسيكي
- كزبرة طازجة للتزيين

تعليمات:

a) اصنع حشوة الانتشلادا أولاً. تذوب الزبدة في مقلاة كبيرة على نار متوسطة عالية. يُضاف البصل ويُطهى حتى تفوح رائحته ، حوالي دقيقة واحدة. نضيف الديك الرومي يليه الدقيق وجميع البهارات للحشوة. اخلط جيدا.

b) أضيفي الطماطم وعصيرها. استخدم مقصًا لتقطيع الطماطم إلى قطع صغيرة. اتركيه حتى يغلي ، ثم خففي الحرارة إلى متوسطة منخفضة. ينضج لمدة 15 دقيقة.

c) أثناء غليان الحشوة ، اصنع صلصة الانتشلادا. في قدر صغير ، أضيفي الثوم والزبدة. يُطهى على نار متوسطة حتى تنقع الزبدة وتذوب. يقلب في الدقيق حتى يمتزج. يقلب تدريجيا في المرق مع التحريك باستمرار.

d) اغلي الصلصة. أضيفي صلصة الطماطم وجميع التوابل و أضيفيها. اطبخ حتى تصبح شمبانيا. ازالة من الحرارة.

e) الآن ، سخني الفرن إلى 350 درجة فهرنهايت.

f) للتجميع ، يُسكب كوبًا واحدًا من صلصة الإنشيلادا في طبق خبز مقاس 13 × 9 بوصة ويوضع على قاع الطبق.

g) ضعي واحدة من التورتيلا على سطح مستو ، ضعي حوالي نصف كوب من مزيج الديك الرومي في وسط التورتيلا وضعي عليها 1-2 ملاعق كبيرة من الجبن. نشمر بإحكام وضع جانب التماس لأسفل فوق الصلصة في طبق الخبز. كرر مع التورتيلا المتبقية.

h) ضع الصلصة المتبقية على الانتشلادا. يُغطى بورق القصدير ويُخبز لمدة 30-35 دقيقة.

i) رشي الجبنة المتبقية واخبزيها لمدة 10-15 دقيقة أخرى بدون غطاء حتى تذوب الجبنة. تُزين بالكزبرة الطازجة وتقدم مع الأفوكادو. يتمتع!

65. تركيا وعاء الفطيرة

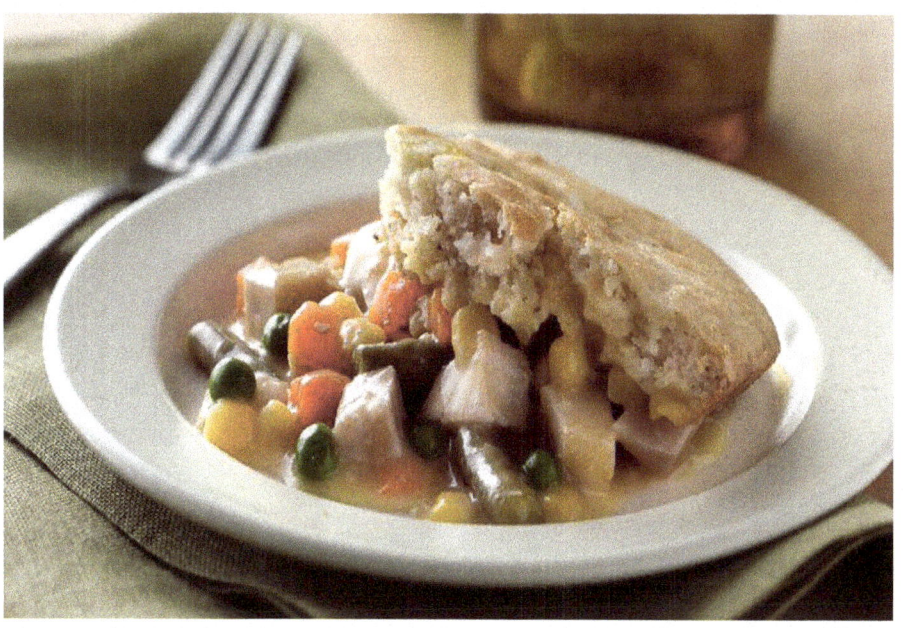

مكونات:

● 3 ملاعق كبيرة زبدة
● 1 كوب بطاطس مقطعة مكعبات
● 1 كوب بصل مقطع مكعبات
● 1 كوب كرفس ، مقطع مكعبات
● 1 كوب جزر مقطع مكعبات
● الملح والفلفل حسب الذوق
● 1 ملعقة كبيرة أوراق زعتر طازج مفروم
● ½ كوب دقيق متعدد الاستعمالات
● 1 كوب مرق عظم الديك الرومي أو مرق عظم الدجاج
● 1 كوب حليب
● 2 كوب ديك رومي مطبوخ ومقطع
● 1 قشرة فطيرة

تعليمات:

a) يسخن الفرن إلى 400 درجة فهرنهايت.

b) في مقلاة كبيرة غير لاصقة ، تذوب الزبدة على نار متوسطة عالية. أضف البطاطس والبصل والكرفس والجزر في المقلاة. أضف قليل من الملح والفلفل حسب الرغبة. تُقلى لمدة 10 دقائق أو حتى تنضج الخضار. قلب أوراق الزعتر أثناء الطهي.

c) يرش الدقيق في المقلاة. اطبخي لمدة دقيقة أخرى مع التحريك باستمرار. يضاف تدريجياً في المرق والحليب. خففي الحرارة إلى متوسطة واطبخي حتى يصبح المزيج كثيفًا ويصدر فقاعات مع التحريك باستمرار.

d) يضاف الديك الرومي ويقلب جيدا.

e) يُسكب المزيج في طبق فطيرة مقاس 9 بوصات ويُغطى بقشرة الفطيرة. تقليم القشرة الزائدة بجانب حافة طبق الفطيرة. قطع الشقوق في المنتصف للسماح للبخار بالخروج.

f) تُخبز الفطيرة لمدة 40-50 دقيقة أو حتى تتحول المعجنات إلى اللون البني الذهبي وتتحول الحشوة إلى فقاعات وتنضج بالكامل.

66.   وعاء واحد تركيا تشيلي ماك

مكونات:

- 1 ملعقة طعام زيت جوز الهند
- 1 جنيه ديك رومي مطحون
- ملعقة صغيرة ملح كوشير
- نصف كوب بصل مقطع مكعبات
- 2 سيقان كرفس مقطع إلى مكعبات
- ½ كوب فلفل رومي مقطع إلى مكعبات
- 4 أكواب مرق دجاج عظم (2 كرتون)
- 1 برطمان (16 أونصة) صلصة متوسطة سميكة ومتكتلة
- يمكن 1 (15-16 أوقية) الفاصوليا الحمراء قليلة الصوديوم ، مصفاة
- 1 (1.25 أونصة) خليط توابل الفلفل الحار
- 8 أونصات معكرونة الكوع
- 2 أونصة جبنة شيدر ، مقطعة إلى مكعبات
- 1 (8 أونصة) لا يمكن إضافة الملح إلى صلصة الطماطم
- أوراق البقدونس للتزيين

تعليمات:

a) سخني الزيت في قدر كبيرة على نار متوسطة عالية. نضع الديك الرومي المطحون في المقلاة ويتبل بالملح. طهي 3-4 دقائق ، باستخدام الملعقة الخاصة بك لتفتيت اللحم.

b) يُضاف البصل والكرفس والفلفل ، ويُطهى لمدة دقيقتين إضافيتين حتى ينضج الديك الرومي. يُضاف المرق والصلصة والفول ومزيـج التوابل. يُغلى المزيـج.

c) يقلب في المعكرونة. يُطهى لمدة 8 دقائق مع التحريك من حين لآخر. في هذه الأثناء ، قطّعي الجبن إلى مكعبات صغيرة. يُضاف صلصة الطماطم ويُطهى لمدة دقيقة أخرى. قدمي الفلفل الحار مع الجبن والبقدونس.

67. دجاج كاري بطيء الطبخ

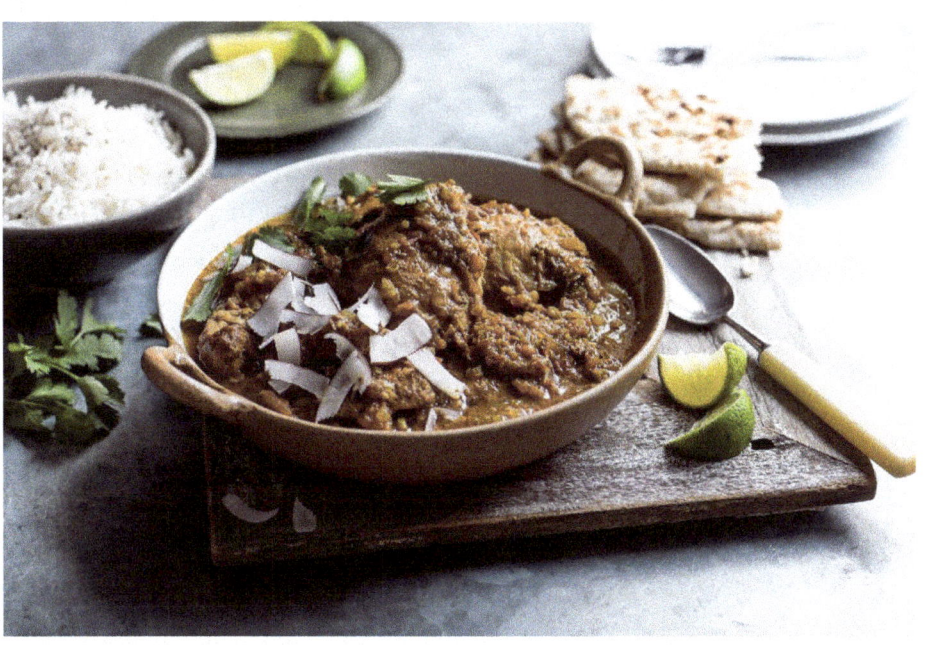

مكونات:

- 4 أرطال من أفخاذ الدجاج منزوعة الجلد والدهون
- ملح وفلفل
- نصف كوب نشا

لتحضير صلصة الكاري:

- 3 ملاعق كبيرة زيت جوز الهند
- 3 ملاعق كبيرة مسحوق كاري خفيف أو حلو
- 1 ملعقة صغيرة جارام ماسالا
- 1 ملعقة طعام كركم
- 2 بصل أبيض متوسط ، مفروم
- 1 فلفل هالابينو ، منزوع البذور ومفروم
- 4 فص ثوم مفروم
- 1 ملعقة كبيرة زنجبيل طازج مفروم
- 2 ملاعق كبيرة معجون طماطم
- ملح للتذوق
- 2 كوب مرق دجاج
- 3 ملاعق كبيرة صلصة الصويا

تعليمات:

a) يتبل الدجاج بالملح والفلفل ويغطى بنشا الذرة ويترك جانبا.

b) سخني زيت جوز الهند في مقلاة كبيرة على نار متوسطة حتى يتلألأ. يُضاف مسحوق الكاري ، وجارام ماسالا ، والكركم ويُطهى حتى تفوح رائحته ، حوالي 10 ثوانٍ.

c) يُضاف البصل ، الفلفل الهالبينو ، الثوم ، الزنجبيل ، معجون الطماطم ورشة ملح ويُطهى مع التحريك كثيرًا ، حتى يصبح البصل بنيًا خفيفًا ويلين ، حوالي 10 دقائق.

d) أضيفي مرق الدجاج إلى المقلاة واكشطي أي قطع بنية.

e) أضف صلصة الصويا أو أحماض جوز الهند. يقلب جيدا. يُطهى حتى يصبح كثيفًا قليلاً. ازالة من الحرارة.

f) ضعي البطاطس والجزر في قدر طهي بطيء سعة 6 لتر ، متبوعًا بالدجاج.

g) اسكبي صلصة الكاري فوق الدجاج. غطي المزيج واطهيه على نار هادئة لمدة 4-5 ساعات أو حتى ينضج الدجاج.

h) دع سائل الطهي يستقر لمدة 5 دقائق وإزالة الدهون من على السطح باستخدام ملعقة كبيرة. أضيفي البازلاء والطماطم وحليب جوز الهند والكزبرة. اتركه حتى يتم تسخين البازلاء والطماطم لمدة 5 دقائق أو أكثر.

i) تذوقه ، وتبليه بالملح والفلفل حسب الرغبة قبل التقديم.

68. دجاج كامل مشوي بالليمون مع جزر

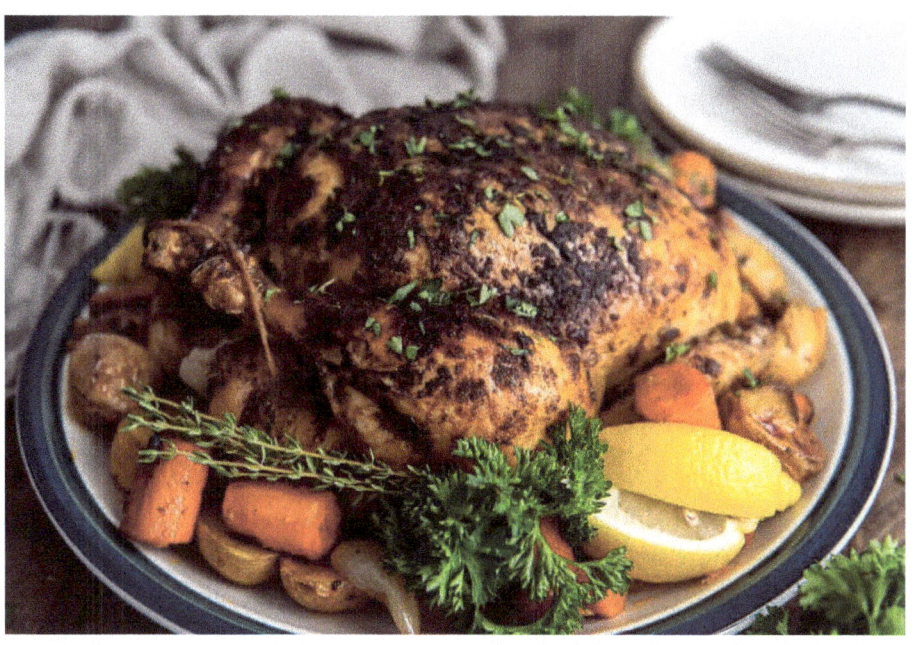

مكونات:
- 1 دجاجة كاملة 5 باوند
- 2 غصن من إكليل الجبل الطازج
- 4 أغصان زعتر طازج
- 2 ليمون ، 1 نصف و 1 شرائح
- 2 ملاعق كبيرة زيت زيتون
- 1 بصلة صغيرة مقطعة شرائح رقيقة
- كوب نبيذ أبيض
- 1 كوب مرق دجاج عظم
- 6 حبات جزر مفرومة خشنة
- ملح للتذوق

لفرك الدجاج:
- 2 ملاعق صغيرة بهار الدواجن
- نصف ملعقة صغيرة ملح توابل
- ملعقة صغيرة خردل مطحون
- ملعقة صغيرة فلفل أسود مطحون
- 1 ملعقة صغيرة بودرة ثوم

تعليمات:
a) يسخن الفرن إلى 350 درجة فهرنهايت.

b) اشطف الدجاج وأزل الحوصلة. ثم جففيها مع المناشف الورقية.

c) اخلطي مكونات فرك الدجاج في وعاء صغير وافركي الدجاج من الداخل والخارج. نحشو الدجاج بالروزماري والزعتر ونصفين ليمون. ضع الدجاج جانبًا.

d) في مقلاة من الحديد الزهر مقاس 10 بوصات ، سخني زيت الزيتون على نار متوسطة عالية لمدة دقيقتين تقريبًا. يُقلى البصل لمدة 2-3 دقائق حتى تفوح رائحته. يقلب مع النبيذ ويطهى حتى يتبخر ، حوالي 3-4 دقائق. أضف مرق عظم الدجاج والجزر وشرائح الليمون. يقلب جيدًا ويوضع الدجاج المتبل فوقها.

e) اخبزي لمدة 1.5 ساعة إلى ساعتين حتى ينضج الدجاج تمامًا وتصل درجة الحرارة بالقرب من العظام إلى 165 درجة فهرنهايت. دهن الدجاج بالمرق والعصائر عدة مرات أثناء عملية التحميص.

f) بمجرد أن ينضج الدجاج ، انقل الدجاج والخضروات إلى طبق التقديم. تقشير أكبر قدر ممكن من الدهون من سطح المرق المتبقي والعصائر في المقلاة بملعقة كبيرة واتركها حتى الغليان. اطبخي حتى تصبح الصلصة سميكة ، حوالي 10 دقائق. تبليها بالملح حسب الرغبة.

g) شريحة دجاج تقدم مع الخضار والصلصة.

69. دجاج وخضار كاريبيان جيرك في وعاء واحد

مكونات:

- 2 رطل من أفخاذ الدجاج ، مع الجلد
- 1 بصلة حمراء متوسطة مفرومة خشنة
- 1 رطل بطاطس حمراء مقطعة إلى أرباع
- 1 كوب عملات جزر أو جزر صغير
- 3 أعواد كرفس مفروم
- 1 كوب مرق دجاج عظم
- 1 ملعقة كبيرة أوراق زعتر طازجة مفرومة (أو 1 ملعقة صغيرة زعتر مجفف)

للمارينا:

- 1 (0.7 أونصة) مغلف خلطة تتبيلة السلطة الإيطالية
- 1 ملعقة صغيرة قرفة
- 1 ملعقة كبيرة أوراق زعتر طازج مفروم
- 2 ملاعق كبيرة سكر بني
- 2 ملاعق كبيرة زيت زيتون
- ملعقة صغيرة من مسحوق الفلفل الحار
- 2 ملاعق كبيرة صلصة الصويا

تعليمات:

a) يسخن الفرن إلى 400 درجة فهرنهايت.
b) ضع جميع مكونات التتبيلة في وعاء خلط كبير. يقلب حتى يمتزج جيدًا.
c) اشطف أفخاذ الدجاج واتركها حتى تجف بالمناشف الورقية وضعها في التتبيلة. اقلب الأفخاذ بملقط للتأكد من أنها مغطاة جيدًا. اجلس جانبا.
d) قطّعي الخضار وافردوا الخضار في قاع إناء مقاس 9x13 بوصة. يُسكب مرق الدجاج فوقه ، ثم يُرش بالزعتر.
e) الآن ، ضعي الدجاج فوق الخضار. اكشط أي تتبيلة متبقية في المقلاة.
f) اخبزيها لمدة 60 دقيقة. استدر مرة في منتصف الطريق.
g) قدمي الدجاج مع الخضار والصلصة من المقلاة. يتمتع!

70. دجاج كريمي مع نبيذ أبيض وطرخون

مكونات:

- 2 ملاعق كبيرة زيت زيتون بكر ممتاز
- 1 رطل من الفطر المقطّع إلى نصفين إذا كان صغيرًا أو مقسمًا إلى أرباع إذا كان كبيرًا
- 2 بصلة متوسطة مفرومة ناعماً
- 4 ملاعق صغيرة ثوم مفروم
- 2 ملاعق صغيرة من أوراق الزعتر الطازج المفرومة أو نصف ملعقة صغيرة من الزعتر المجفف
- الملح والفلفل حسب الذوق
- 1 2/1 كوب نبيذ أبيض جاف
- 1 كوب مرق دجاج
- 1 رطل من الجزر ، مقشر ومقطع إلى قطع 1 إنش
- 2 ورق الغار
- 2 ملاعق كبيرة نشا ذرة
- 4 أرطال من قطع الدجاج (صدور أو أفخاذ) منزوعة الجلد
- 1 كوب كريمة ثقيلة
- ربع كوب من أوراق الطرخون الطازجة المفرومة

تعليمات:

a) سخني الزيت في مقلاة كبيرة غير لاصقة على نار متوسطة عالية. أضف الفطر والبصل والثوم والزعتر ورشة ملح. غطي المزيج واطهيه مع التحريك باستمرار حتى يخرج الفطر السائل ، حوالي 8-10 دقائق.
b) اكشف المقلاة واستمر في الطهي لبضع دقائق أخرى. أضيفي الخمر ، وكشط أي قطع بنية ، واتركيها على نار خفيفة حتى تصبح سميكة ، حوالي 5 دقائق.
c) ينقل المزيج إلى قدر بطيء ويقلب في مرق عظام الدجاج والجزر وأوراق الغار حتى يتجانس.
d) تبلي الدجاج بالملح والفلفل ، واعششه في قدر الطهي البطيء. يُغطّى ويُطهى على نار خفيفة لمدة 4-5 ساعات أو حتى ينضج الدجاج ويُطهى جيدًا.
e) انقلي الدجاج والجزر إلى طبق التقديم وضعي الخيمة بشكل غير محكم بورق القصدير. أزل الدهون من سائل الطهي بملعقة. إزالة أوراق الغار.
f) انقلي صلصة الطهي إلى قدر واتركيها على نار هادئة. أضيفي ملعقتين كبيرتين من نشا الذرة المذاب في نصف كوب ماء. استمر في التقليب وسوف تتكاثف الصلصة. ثم نضيف الكريمة والطرخون.

71. ريزوتو الفطر مع البازلاء الحلوة

مكونات:

- 3 ملاعق كبيرة زيت زيتون بكر ممتاز
- 2 ملاعق صغيرة ثوم مفروم
- 1 بصلة صغيرة مقطعة مكعبات
- ملح للتذوق
- 1 كوب أرز أربوريو
- ½ كوب من النبيذ الأبيض الجاف
- 1 باوند فطر صغير شرائح
- 3 أكواب مرق دجاج بالفطر
- 1 كوب بازلاء حلوة مجمدة
- ربع كوب جبن بارميزان طازج مبشور
- الفلفل الأسود الطازج
- أوراق البقدونس المفروم للتزيين

تعليمات:

a) سخني زيت الزيتون على نار متوسطة عالية في قدر كبيرة.

b) بمجرد أن يسخن الزيت ، ضعي الثوم والبصل في القدر لمدة دقيقتين تقريبًا. اضافة قرصة من الملح. استخدمي ملعقة خشبية أو سيليكون وقليها واتركي البصل يتعرق لمدة 1-2 دقيقة.

c) أضف أرز أربوريو. نحمص الأرز في القدر لمدة دقيقة أو دقيقتين مع التحريك باستمرار حتى يصبح لونه بني فاتح.

d) قلب في النبيذ. اطبخي حتى يتبخر الكحول ، قلبي كثيرًا.

e) يُضاف الفطر في القدر ويُحرَّك ويُطهى لمدة 1-2 دقيقة أخرى.

f) يُضاف 1 كوب مرق دجاج عظم إلى المقلاة ويُغلى المزيج مع التحريك باستمرار. أضف 1 كوب مرق في كل مرة ؛ يُطهى على نار خفيفة حتى يتم امتصاص كل المرق.

g) أطفئي النار و أضيفي جبنة البارميزان. يُرش بالفلفل الأسود الطازج ويُزين بأوراق البقدونس.

72. وعاء واحد كيمتشي رامين

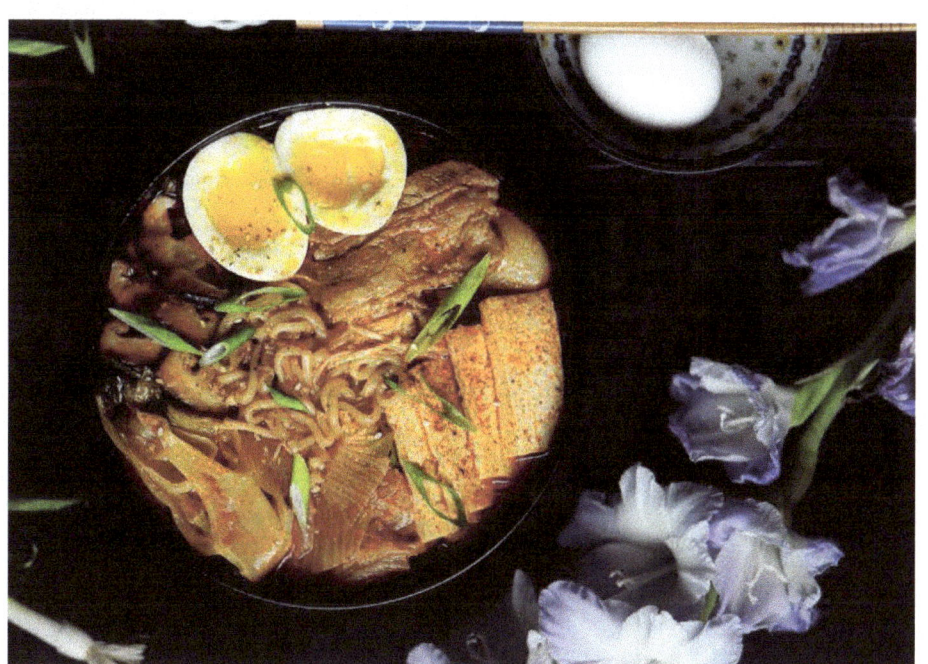

مكونات:

- 8 أونصات من لحم بطن الخنزير (بدون جلد) ، مقطّع إلى شرائح
- لحوض البحر في البحر:
- 3 فصوص ثوم مفروم
- 1 ملعقة كبيرة زنجبيل طازج مفروم
- 1 ملعقة كبيرة شيري
- 1 ملعقة كبيرة صلصة الصويا

لكيمشي رامين:

- 4 بيضات مسلوقة ، نصفين
- ½ بصل متوسط مقطع شرائح رقيقة
- 1 كوب فطر شيتاكي مقطع إلى شرائح
- نصف كتلة صلبة من التوفو ، مقطعة إلى شرائح
- 4 أونصات فطر إينوكي
- 4 قطع بوك تشوي ، مقطعة أنصاف
- 1 كوب كيمتشي ، معبأة بإحكام
- كوب عصير كيمتشي
- 4 أكواب مرق دجاج عظم (2 كرتون)
- 2 ملاعق كبيرة معجون فلفل أحمر حار
- 1 ملعقة طعام مسحوق فلفل أحمر كوري
- 2 عبوة رامين
- بصل أخضر مقطع للتزيين

تعليمات:

a) تُمزج جميع مكونات تتبيلة لحم الخنزير في وعاء متوسط الحجم.

b) قطع شرائح بطن لحم الخنزير إلى قطع بطول 2 بوصة. أضف لحم الخنزير إلى ماء مالح. يقلب جيدا وتوضع جانبا.

c) في قدر صغير ، يُغلى كوبان من الماء. ضع البيض في الماء المغلي بحذر. دعهم يطبخون لمدة 5 دقائق. يُسكب البيض من القدر ويوضع في ماء بارد.

d) في هذه الأثناء ، قطعي البصل وفطر شيتاكي والتوفو إلى شرائح. تنظيف الفطر enoki وقطع الأطراف ؛ اغسلي بوك تشوي الصغير وقطعيها إلى نصفين. ضع كل المكونات المحضرة جانبًا.

e) في قدر متوسط الحجم ، يُطهى بطن الخنزير المتبل على نار متوسطة عالية لمدة دقيقتين مع التحريك كثيرًا.

f) يضاف البصل والكيمتشي. يقلى حتى تفوح رائحته ، حوالي دقيقتين.

g) يُضاف عصير الكيمتشي والمرق ومعجون الفلفل الأحمر ومسحوق الفلفل الأحمر ويُغلى المزيج.

h) بمجرد غليان قاعدة حساء المرق ، أضيفي رامين وفطر شيتاكي. اتركه يطهى لمدة 3 دقائق.

i) يُضاف التوفو وفطر الإنوكي والملفوف الصيني ويُطهى لمدة دقيقتين أو حتى ينضج الرامن. أطفئ الحرارة.

j) يقشر البيض ويقطع إلى نصفين.

k) طبق رامين الكيمتشي وقدّمه مع أنصاف بيض. يُزين بالبصل الأخضر المفروم.

.73 عدس بالكاري مع البطاطا الحلوة والحمص

مكونات:

- نصف كوب زيت جوز الهند
- 1 بصلة حمراء كبيرة مقطعة مكعبات
- ملح للتذوق
- 2 ملاعق كبيرة مسحوق كاري
- 2 ملاعق صغيرة كمون بودرة
- 2 ملاعق صغيرة من بذور الخردل
- 1 ملعقة صغيرة كزبرة مطحونة
- 8 أونصات عدس بني
- 3 حبات بطاطا متوسطة الحجم
- 4 أكواب مرق دجاج عظم (2 كرتون)
- 1 (28 أونصة) يمكن أن تحمص مكعبات الطماطم
- 1 (28 أونصة) علبة حمص ، مصفاة
- بقدونس مفروم طازج للتزيين

تعليمات:

a) سخني زيت جوز الهند على نار متوسطة في قدر كبيرة لمدة دقيقة واحدة.

b) يضاف البصل ورشة ملح. يقلى البصل حتى يصبح نصف شفاف.

c) يُضاف مسحوق الكاري والكمون وبذور الخردل والكزبرة ويُطهى لمدة دقيقة مع التحريك كثيرًا.

d) أضيفي العدس والبطاطا الحلوة والمرق والطماطم. يُغلى المزيج ويُترك على نار خفيفة لمدة 25 دقيقة ، مغطى أو حتى ينضج العدس والبطاطا الحلوة.

e) يقلب في الحمص ويطهى حتى يسخن لمدة دقيقتين.

f) يُطبق ويُزين بالبقدونس المفروم. يتمتع!

74. دجاج بالفطر ريزوتو

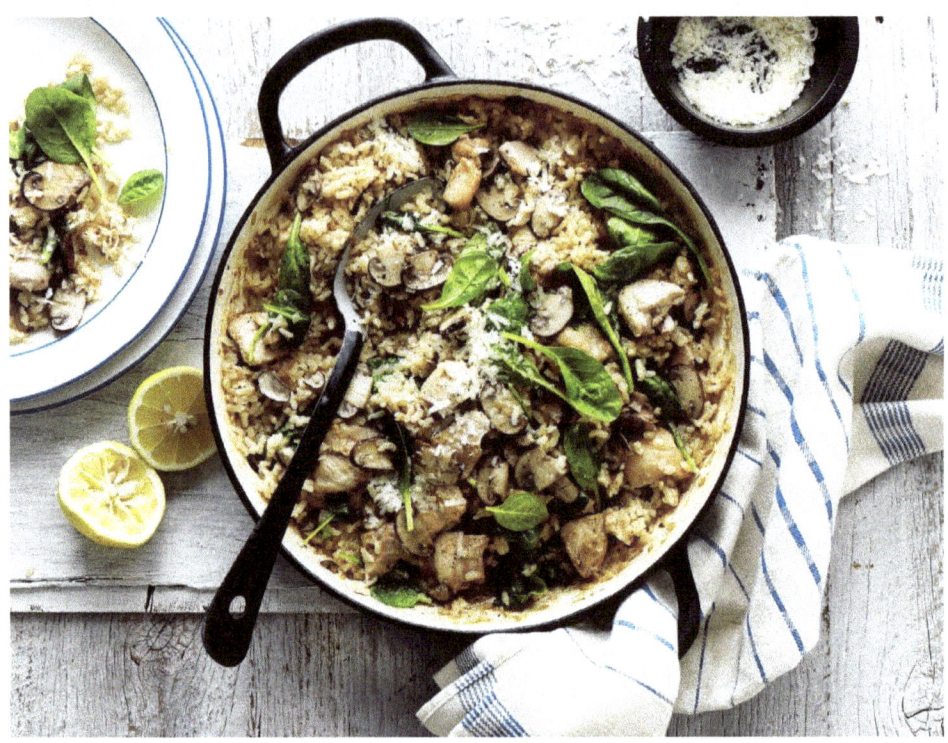

مكونات:

- 3 ملاعق كبيرة زيت زيتون
- 2 فص ثوم مفروم
- 1 بصلة صغيرة مقطعة مكعبات
- نصف كوب جزر مقطع مكعبات
- ملح البحر حسب الرغبة
- 1 كوب أرز أربوريو
- كوب نبيذ أبيض (اختياري)
- ملعقة صغيرة زعتر مجفف
- 3 أكواب مرق دجاج بالفطر
- 6 أونصات فطر مقطع إلى شرائح
- 8 أونصات من براعم بروكسل المجمدة
- 1 كوب دجاج مبشور مطبوخ
- كوب بقدونس مفروم طازج
- ½ كوب جبن بارميزان مبشور طازج
- فلفل أسود مطحون طازجاً

تعليمات:

a) سخني زيت الزيتون على نار متوسطة في قدر متوسطة الحجم. يضاف الثوم ويطهى حتى تفوح رائحته.

b) ضعي البصل والجزر في القدر ، وأضيفي قليلًا من الملح ، ثم ارفعي الحرارة. يُطهى البصل حتى يصبح شبه شفاف مع التحريك المستمر لمدة دقيقة تقريبًا.

c) يقلب في الأرز ثم الزعتر. اتركي الأرز المحمص في القدر وغطيه بالزيت حتى يبدأ في التحول للون البني قليلاً ، مع التحريك كثيرًا ، حوالي 2-3 دقائق.

d) أضف النبيذ واستمر في التقليب حتى يتبخر الكحول لمدة دقيقة تقريبًا. يُسكب مرق الدجاج في المقلاة ويُغلى المزيج.

e) بمجرد الغليان ، يُضاف الفطر وبراعم بروكسل ويُغلى المزيج مرة أخرى مع التحريك من حين لآخر.

f) نضيف الدجاج المبشور ونخفف النار. يُغطّى المزيج ويُترك على نار خفيفة لمدة 15 دقيقة حتى يمتص الأرز مرق الدجاج. يُكشف عن الغطاء ويُضاف البقدونس والجبن البارميزان. استمر في التقليب حتى تذوب الجبن.

g) أطفئ النار. الموسم مع الفلفل الأسود المطحون الطازج. انقل الريزوتو إلى أطباق التقديم. يُزين بالمزيد من البقدونس ويُقدم على الفور.

75. باستا فاجيولي وعاء واحد

The picture can't be d

مكونات:

- 1 ملعقة كبيرة زيت زيتون بكر ممتاز
- 1 رطل لحم بقري مفروم قليل الدهن
- ملح للتذوق
- 1 ملعقة صغيرة اوريجانو مجفف
- 1 بصلة متوسطة مقطعة مكعبات
- 1 كوب جزر مقطع مكعبات
- 2 سيقان كرفس مقطع إلى شرائح
- 1 طماطم كبيرة مقطعة إلى مكعبات
- علبة (15 أونصة) من الفاصوليا الحمراء ، مغسولة ومصفاة
- 2 كوب مرق اللحم البقري
- 2 كوب صلصة سباجيتي
- 8 أونصات قشور المعكرونة
- 1-2 ملاعق صغيرة من الصلصة الحارة (اختياري)
- كوب بقدونس مفروم طازج
- فلفل أسود مطحون طازجاً
- ½ كوب جبن بارميزان مبشور أو طازج مبشور

تعليمات:

a) في قدر كبير ، سخني زيت الزيتون على نار متوسطة. يُضاف اللحم المفروم ويُقطع بملعقة. اطبخي حتى يبدأ اللحم في التحول إلى اللون البني. في غضون ذلك ، تبل بالملح والأوريغانو.

b) يُضاف البصل والجزر والكرفس والطماطم في القدر. اخلطي جيدًا واطهي لمدة 10 دقائق مع التحريك من حين لآخر.

c) يُضاف الفاصوليا ومرق اللحم البقري وصلصة السباغيتي ثم قشور المعكرونة ؛ رشي الصلصة الحارة في الوعاء إذا كنت تستخدمينها ؛ يقلب ويخلط جيدا. يُغلى المزيج ثم يُترك على نار خفيفة لمدة 15-20 دقيقة على نار متوسطة منخفضة أو حتى تنضج المعكرونة.

d) يُضاف الفلفل الأسود المطحون حديثًا حسب الرغبة ويقلب البقدونس ، ثم يُغطى بجبنة البارميزان. يُزين الطبق بمزيد من البقدونس أو الجبن. يتمتع!

76. باستا كريمة الفطر

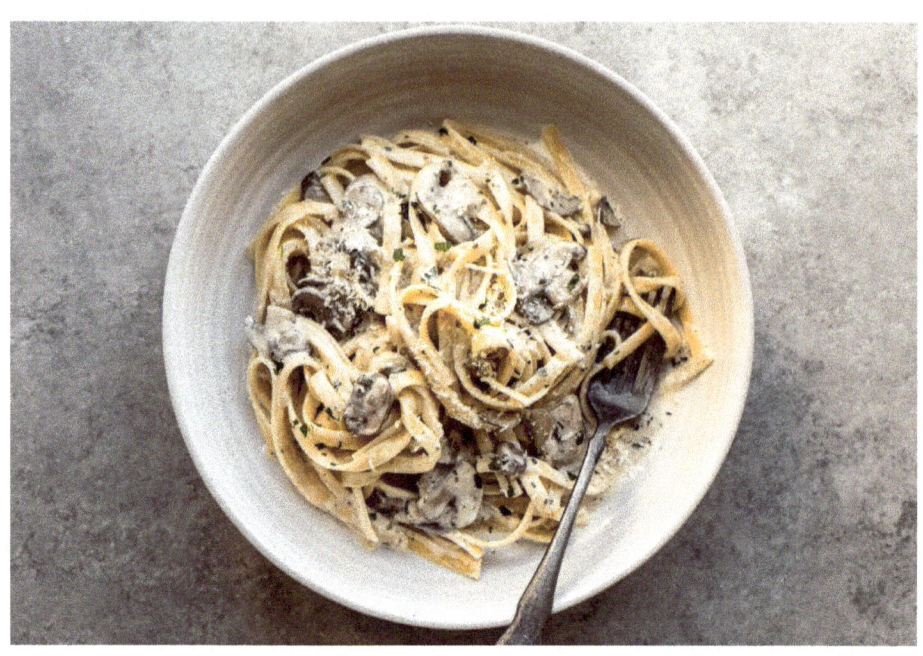

مكونات:

- 1 خدمة معكرونة
- 1 ملعقة كبيرة زبدة غير مملحة
- 2 فص ثوم مفروم
- 8 أونصات من الفطر الأبيض ، تمت إزالته من السيقان
- 2 ملاعق كبيرة من النبيذ الأبيض الجاف
- نصف كوب كريمة ثقيلة
- نصف كوب مرق دجاج عظم
- ملح للتذوق
- ربع كوب جبن بارميزان مبشور
- فلفل أسود مطحون طازجاً
- بقدونس مفروم طازج للتزيين

تعليمات:

a) في قدر كبير ، تُطهى المعكرونة في ماء مغلي مملح لمدة 8-9 دقائق حسب تعليمات العبوة: أو حتى تنضج. بالُوعَة.

b) في هذه الأثناء ، في مقلاة كبيرة ، تذوب الزبدة على نار متوسطة عالية. قلبي الثوم المفروم واتركيه يطهى لمدة 30 ثانية حتى تفوح رائحته.

c) ضعي الفطر في المقلاة وقطعيه لأعلى. يُطهى لمدة 3-5 دقائق أو حتى يبدأ الفطر في الانكماش ، مع تحريكه بملعقة من حين لآخر.

d) أضف النبيذ الأبيض استمر في الطهي حتى يتبخر النبيذ وعصير الفطر ، حوالي 3 دقائق.

e) تُسكب الكريما الثقيلة ومرق عظام الدجاج في المقلاة ، ويُضاف القليل من الملح. قم بالتبديل إلى درجة حرارة متوسطة واطبخ حتى يصبح سائل الطهي سميكًا قليلاً ، مع قلب الفطر عدة مرات.

f) انشر جبنة البارميزان فوق الفطر وقلّب برفق حتى تذوب الجبنة. تذوق وأضف المزيد من الملح إذا رغبت في ذلك.

g) ضعي المعكرونة المطبوخة في المقلاة. يُمزج جيدًا مع مزيج الفطر ، ثم يُنقل إلى طبق التقديم.

h) يُرش بالفلفل الأسود المطحون حديثًا ويُزين بالبقدونس المفروم. أضف المزيد من جبن البارميزان المبشور حسب الرغبة. يتمتع!

77. فلفل ابيض

مكونات:
- 1 ملعقة طعام زيت جوز الهند
- 1 بصلة متوسطة مفرومة
- 3 فصوص ثوم مهروسة
- 1 (4 أونصة) يمكن أن يقطع الفلفل الأخضر الحار
- 8 أونصات فطر مقطع إلى شرائح
- 2 ملاعق صغيرة كمون مطحون
- 1 ملعقة صغيرة اوريغانو مجفف
- 4 أكواب مرق دجاج عظم (2 كرتون)
- 4 أكواب ديك رومي مطبوخ ، مقطع إلى مكعبات
- علبتان (15 أونصة) من الفاصوليا البيضاء (شمالية كبيرة ، كانيليني أو حمص)
- 1 كوب جبن مونتيري جاك مبشور
- أوراق البقدونس الطازجة للتزيين

تعليمات:
a) سخني الزيت في قدر كبيرة على نار متوسطة.
b) يضاف البصل والثوم. يطهى ببطء حتى تفوح رائحته.
c) اخلطي الفلفل الحار والفطر والكمون والأوريغانو. استمر في الطهي وتقليب الخليط حتى يصبح طريًا ، لمدة 3 دقائق تقريبًا.
d) أضف مرق العظام والديك الرومي والفاصوليا البيضاء. يترك على نار هادئة لمدة 15 دقيقة مع التحريك من حين لآخر.
e) طبق الفلفل الحار. يُضاف الجبن ويُزين بأوراق البقدونس. يتمتع!

BROTH معلب

.78 مرق الديك الرومي

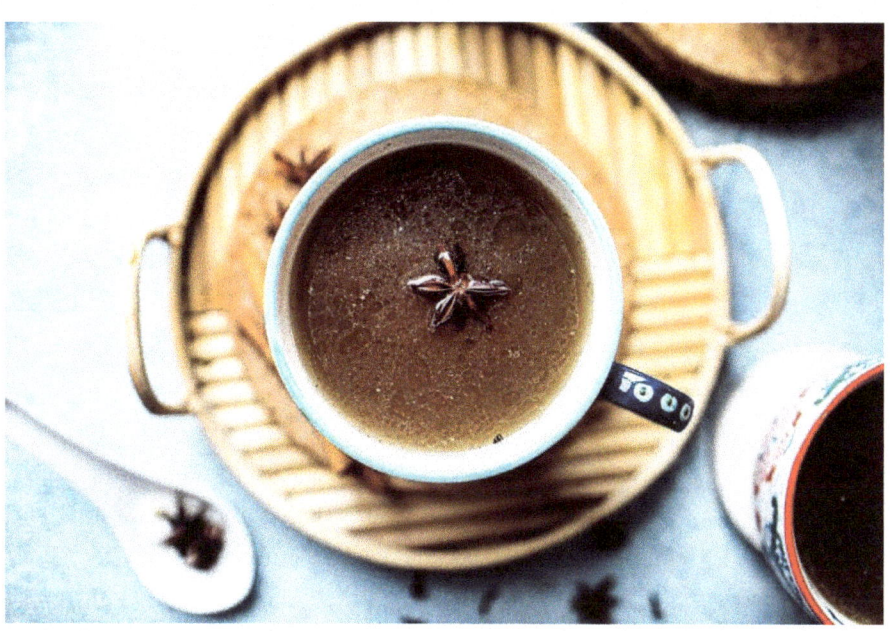

مكونات:
- 16 كوب مرق دجاج
- 3 أكواب ديك رومي مقطع إلى مكعبات
- 1½ كوب كرفس مقطع إلى مكعبات
- 1½ كوب جزر مقطع شرائح
- 1 كوب بصل مقطع مكعبات
- ملح وفلفل
- مرقة دجاج حسب الرغبة

تعليمات:
a) تحضير تعليب الضغط. أضف الماء إلى وعاء الضغط. أدخل الركيزة واتركها حتى تغلي على نار متوسطة على الموقد. ضع الجرار الفارغة في الماء المغلي لمدة 5-10 دقائق.

b) لا تغلي. عندما تنتهي ، اتركها جانباً.

c) اخلطي جميع المكونات في قدر المرق واتركيها حتى الغليان.

d) صفي المرق في البرطمانات الساخنة والمعقمة ، مع ترك مسافة 1 بوصة.

e) قم بإزالة أي فقاعات هواء.

f) امسح الحافات وضعها على الأغطية.

g) ضع العصابات.

h) ضع البرطمانات في وعاء الضغط وعملية لمدة 75 دقيقة.

i) عند الانتهاء ، افتح الغطاء. قم بإزالة البرطمانات.

79. شوربة مرق زوبا توسكانا

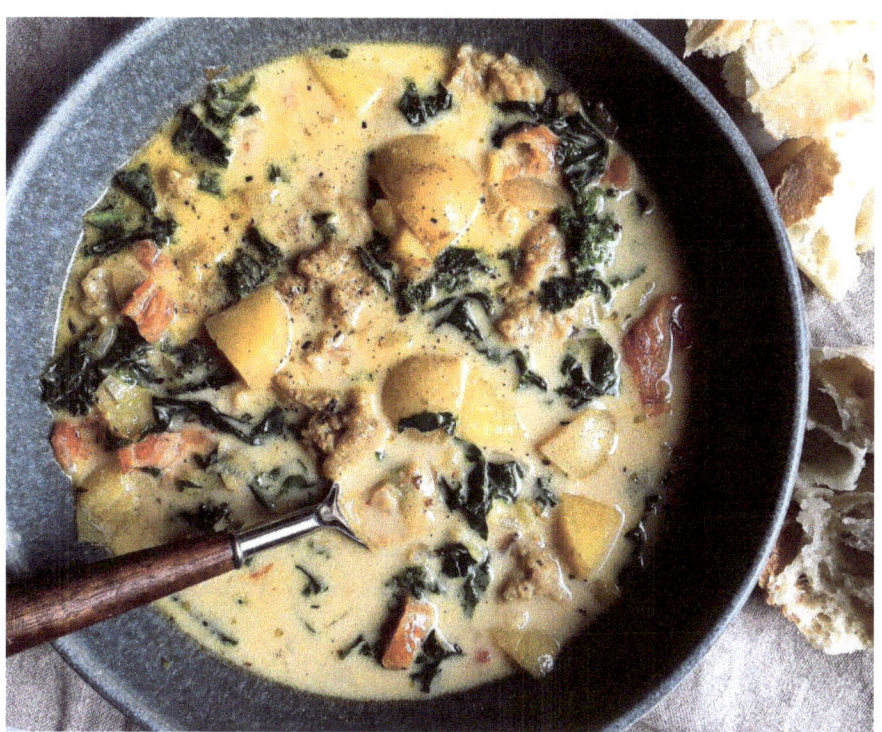

مكونات:

- 3 أرطال من لحم الخنزير المطحون
- ملح ، فلفل ، زعتر ، 1 ملعقة صغيرة
- ملعقة صغيرة من رقائق الفلفل الأحمر
- 2 بصل
- 4 فصوص ثوم
- 4 حبات بطاطس
- 1 حفنة كرنب
- 3 لتر مرق لحم الخنزير

تعليمات:

a) تحضير تعليب الضغط. أضف الماء إلى وعاء الضغط. أدخل الركيزة واتركها حتى تغلي على نار متوسطة على الموقد. ضع الجرار الفارغة في الماء المغلي لمدة 5-10 دقائق. لكن لا تغلي. عندما تنتهي ، اتركها جانباً.

b) قطعي البصل إلى مكعبات. افرم الثوم. قشري البطاطس وقطعيها إلى مكعبات.

c) اشطف الكرنب السلق في الماء المغلي لمدة 30 ثانية حتى يذبل. اتركه جانبا. طحن لحم الخنزير.

d) يُضاف لحم الخنزير المطحون ورقائق الفلفل الأحمر والأوريغانو والفلفل والملح في المقلاة. أضف 3 كوارت من المرق في وعاء آخر. دعه ينضج.

e) ضع منشفة في البرطمانات الساخنة والمعقمة. يضاف خليط البصل والثوم. ثم أضف جزءًا صغيرًا من اللفت إلى كل برطمان ، متبوعًا بالبطاطس.

f) ضعي لحم الخنزير المتبل في البرطمان وضعي فوقه حشوة المرق ، مع ترك مسافة 1 بوصة.

g) قم بإزالة أي فقاعات هواء. ضع البرطمانات في وعاء الضغط. قفل الأغطية.

h) تنفيس البخار لمدة 10 دقائق. العملية لمدة 90 دقيقة.

i) أطفئ النار. انتظر لمدة دقيقتين. فتحة تهوية مفتوحة. قم بإزالة الغطاء.

j) قم بإزالة البرطمانات من وعاء الضغط. اتركها تبرد بين عشية وضحاها.

80. شوربة مرق دجاج الهليون

مكونات:

- 3 أرطال من الهليون الطازج، المقطّع
- 8 أكواب مرق دجاج / مرق
- 1 كوب كراث ، مفروم
- 1 ملعقة صغيرة ثوم مفروم
- نصف ملعقة صغيرة ملح
- ملعقة صغيرة فلفل أبيض مطحون

تعليمات:

a) تحضير تعليب الضغط.
b) أضف الماء إلى وعاء الضغط.
c) أدخل الركيزة واتركها حتى تغلي على نار متوسطة.
d) ضع الجرار الفارغة في الماء المغلي لمدة 5-10 دقائق. لكن لا تغلي.
e) أضف زيت الزيتون إلى المقلاة. يُضاف الثوم والكراث ويطهى حتى يصبح شفافًا.
f) يُضاف مرق اللحم البقري أو المرق على نار متوسطة. يرفع عن النار.
g) أضف نصف كوب من الكراث أو الثوم والفلفل والملح في كل برطمان.
h) أضف المرق الساخن ، واترك مسافة 1 بوصة.
i) قم بإزالة أي فقاعات هواء.
j) ضعه على الجفن. امسح حافة كل جرة. ضع البرطمانات في وعاء الضغط. قفل الغطاء. دعها تغلي. تنفيس البخار لمدة 10 دقائق.
k) معالجة مكاييل لمدة 75 دقيقة.
l) عند الانتهاء ، أطفئ النار. قم بإزالة غطاء المعلبة. انتظر لمدة 10 دقائق. قم بإزالة البرطمانات من التعليب. اتركها تبرد بين عشية وضحاها.

81. شوربة مرق اللحم البقري والبطاطا الحلوة المكسيكية

مكونات:
- 1 ملعقة كبيرة زيت أفوكادو مكرر أو زيت زيتون
- 1 رطل لحم بقري مرق قليل الدهن
- 1 ملعقة صغيرة ملح كوشير
- 1 كوب بصل مقطع
- 1 ملعقة صغيرة ثوم مفروم
- 1 كوب فلفل حلو مفروم
- 2 كوب بطاطا حلوة مقشرة ومفرومة
- 1 ملعقة صغيرة من مسحوق الفلفل الحار
- 1 ملعقة صغيرة اوريغانو مجفف
- 1 ملعقة صغيرة كمون مطحون
- 14 أوقية من الصلصة الحمراء
- مرق دجاج 2 كوب
- 2 ملاعق صغيرة عصير ليمون
- كوب كزبرة مفرومة
- ملح كوشير حسب الرغبة
- فلفل أسود مطحون حسب الرغبة

تعليمات:
a) سخني مقلاة كبيرة من الحديد الزهر على نار عالية.

b) يُضاف اليخنة اللحم ويُرش بالملح. يقلب اللحم البقري حتى يحمر لمدة 5 دقائق. بملعقة مثقوبة ، أخرج اللحم وانقله إلى طبق. اجلس جانبا.

c) ضع البصل والثوم والفلفل في المقلاة على نار متوسطة مع التحريك من حين لآخر حتى ينضج البصل والثوم ويصبح الفلفل طريًا أو حوالي 5 دقائق.

d) نضيف البطاطا الحلوة ومسحوق الفلفل الحار والزعتر والكمون والمرق والصلصة. تخلط جيدا. يُغلى المزيج. ثم غطي المزيج واتركيه على نار هادئة لمدة 30 دقيقة أو حتى تنضج البطاطا الحلوة بالشوكة.

e) أضيفي عصير الليمون والكزبرة والملح والفلفل. اتركيه يسخن على نار خفيفة ، حوالي 4 دقائق.

f) ضعي حساء المرق في برطمانات جاهزة ، إما مكاييل أو لترات ، مع ترك مسافة 1 بوصة.

g) ختم بغطاء تعليب من جزأين لإحكام الإصبع.

h) قم بمعالجة البرطمانات في وعاء الضغط المسخن مسبقًا لمدة 40 دقيقة.

i) عند اكتمال وقت المعالجة ، أطفئ النار واترك المعلب يصل إلى درجة حرارة الغرفة بشكل طبيعي.

j) عندما تبرد ، أخرج البرطمانات من التعليب وافحص الأختام.

82. شوربة لحم الخنزير و البازلاء

مكونات:

● 2 كوب بازلاء مجففة
● 8 أكواب ماء
● 2 مكعبات مرقة دجاج كبيرة
● 1 كوب مكعبات لحم الخنزير
● 1½ كوب جزر مقطع شرائح
● 1 كوب بصل مقطع
● نصف ملعقة صغيرة بهارات مطحونة
● 1 ورقة غار
● الملح والفلفل حسب الذوق

تعليمات:

a) ضع مكعبات البازلاء والماء ومرق الدجاج في قدر كبير أو قدر الحساء.

b) تُغلى المكونات على نار متوسطة عالية مع التحريك من حين لآخر.

c) ينضج لمدة ساعة تقريبا.

d) بوريه البازلاء والسائل باستخدام الخلاط اليدوي.

e) أضف لحم الخنزير والجزر والبصل والبهارات وورق الغار إلى مرق الحساء. يُغلى مرق الحساء.

f) ينضج لمدة 30 دقيقة. حساء مرق الموسم بالملح والفلفل حسب الرغبة. قم بإزالة ورق الغار.

g) ضع برطمانات ساخنة ومجهزة على منشفة أطباق. ضعي خليط حساء المرق في برطمانات ، وتأكدي من ترك مسافة 1 بوصة على كل برطمان. قم بإزالة أو إضافة السائل ، حسب الضرورة ، لضمان فراغ الرأس الصحيح.

h) قم بإزالة فقاعات الهواء من البرطمانات ، ثم امسح حافة البرطمانات باستخدام منشفة ورقية مبللة لضمان إحكام إغلاقها جيدًا.

i) ضع أغطية مسطحة ساخنة على البرطمان ، ثم اربط العصابات في مكانها حتى تصبح مشدودة بأطراف الأصابع.

j) ضع البرطمانات في الماء بحذر في علبة ضغط مُعدّة وقم بمعالجة البرطمانات لمدة 75 دقيقة وكوارت لمدة 90 دقيقة.

k) عند الانتهاء ، أطفئي النار. دع الضغط في المعلب ينخفض إلى الصفر بشكل طبيعي. بمجرد أن تصل إلى الصفر ، انتظر بضع دقائق أخرى ، ثم افتح غطاء التهوية.

l) انتظر 10 دقائق أخرى ، ثم قم بإزالة غطاء المعلبة بعناية. ضع البرطمانات الساخنة على منشفة أطباق على المنضدة واتركها دون إزعاج لمدة 24 ساعة.

m) تحقق من وجود ختم مناسب ، ثم الملصق.

83. يخنة فينيسون

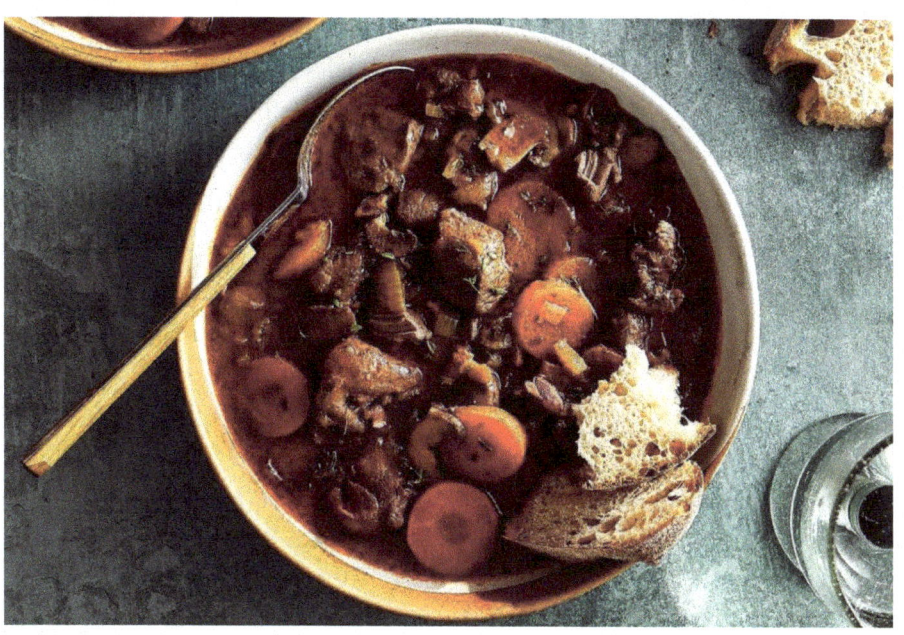

مكونات:

- 1 فلفل بوبلانو كبير
- 2-1 فلفل هالابينو
- 6 طماطم طازجة ، تمت إزالتها من القشور
- 4½1 كوب (375 مل) من البصل الأبيض المفروم (بصلة كبيرة)
- 1 ملعقة صغيرة. (5 مل) كمون مطحون
- 2 ملعقة طعام. (30 مل) زيت زيتون
- 4 آذان ذرة طازجة
- 3 فصوص ثوم مفروم
- 4 أكواب (1 لتر) مرق دجاج أو مرق عظم دجاج
- ⅔ كوب (150 مل) عصير ليمون طازج (حوالي 7 ليمون حامض)
- 1½ ملعقة صغيرة. (7 مل) ملح
- 1 ملعقة صغيرة. (5 مل) فلفل أسود مطحون
- 1½ رطل (680 جم) أفخاذ أو صدور دجاج منزوعة الجلد والعظام ، مقطعة إلى قطع بحجم 1 بوصة (2.5 سم)

تعليمات:

a) سخني الفرن إلى 425 درجة فهرنهايت (220 درجة مئوية). رتب أول 3 مكونات: على صفيحة خبز كبيرة مبطنة بورق الألمنيوم. اخبزيها في درجة حرارة 425 درجة فهرنهايت (220 درجة مئوية) لمدة 25 دقيقة أو حتى تنضج الخضروات وتبدأ القشرة في التقرح ، مع تقليب الفلفل كل 5 دقائق. أخرج الخضار من الفرن. نقل الفلفل إلى وعاء صغير. غطي الوعاء بغلاف بلاستيكي ، واتركيه لمدة 20 دقيقة. دع الطماطم يقف على صينية الخبز حتى يبرد بدرجة كافية للتعامل معه. يقطع الطماطم بخشونة ويوضع في وعاء متوسط الحجم.

b) بعد توقف الفلفل لمدة 20 دقيقة ، قشره ، وقم بتقطيعه وتقطيعه. أضف إلى توماتيلو.

c) يُقلى البصل والكمون في زيت الزيتون الساخن في 6 لتر (6 لتر) من الفولاذ المقاوم للصدأ أو فرن هولندي مطلي بالمينا على نار متوسطة عالية لمدة 12 دقيقة أو حتى ينضج البصل.

d) تقطع أطراف حبات الذرة في وعاء كبير ؛ كشط الحليب واللب المتبقي من الكيزان. نضيف الذرة والثوم إلى البصل في الفرن الهولندي. يطهى مع التحريك باستمرار 5 دقائق. أضيفي الفلفل المفروم والطماطم المفرومة ومرق الدجاج والمكونات الثلاثة التالية.

e) يجلب ليغلي خففي الحرارة واتركيها على نار هادئة بدون غطاء لمدة 5 دقائق مع التحريك المستمر. قلبي الدجاج. جلب ليغلي على نار عالية؛ يغلي 5 دقائق. ازالة من الحرارة.

f) ضعي حساء المرق الساخن في وعاء ساخن ، واتركي مسافة 2.5 سم. قم بإزالة فقاعات الهواء. مسح حافة الجرة. غطاء مركزي على الجرة. ضع رباطًا واضبطه بحيث يكون مشدودًا بأطراف الأصابع. ضع البرطمان على رف في وعاء ضغط يحتوي على 2 بوصة (5 سم) من الماء المغلي 180 درجة فهرنهايت (82 درجة مئوية). كرر حتى تمتلئ جميع البرطمانات.

g) ضع الغطاء على المعلبة ، وأدر إلى وضع القفل. اضبط الحرارة على متوسطة إلى عالية. تنفيس البخار لمدة 10 دقائق.

h) ضع وزن العداد أو المقياس المرجح على فتحة التهوية ؛ جلب الضغط إلى 10 أرطال (4.5 كجم) (رطل لكل بوصة مربعة) لمعلبة قياس مرجح أو 11 رطلاً (454 جم) ثانية (رطل لكل بوصة مربعة) لمعلبة قياس الطلب.

i) قم بمعالجة 1 لتر (500 مل) من الجرار لمدة ساعة و 15 دقيقة أو 1 لتر (1 لتر) من الجرار لمدة ساعة و 30 دقيقة. أطفئ الحرارة تعليب بارد لضغط صفر. اتركه لمدة 5 دقائق أخرى قبل إزالة الغطاء.

j) برطمانات باردة في تعليب لمدة 10 دقائق. إزالة البرطمانات وتبرد.

84. شوربة مرق الدجاج بالليمون بالذرة

مكونات:

- رذاذ الطبخ أو زيت الزيتون
- 1 رطل من لحم الغزال الطري ، مكعبات
- 1 ملعقة صغيرة زيت زيتون
- 1 بصلة صغيرة مفرومة
- 1 فص ثوم مفروم
- 1 ساق كرفس مفروم
- 1 جزرة مقطعة مكعبات
- 2 حبة بطاطس مقطعة مكعبات
- 2 كوب ماء
- نصف ملعقة صغيرة ملح
- نصف ملعقة صغيرة فلفل
- 2 علبة مرق لحم بقري

تعليمات:

a) دهن قدر حساء المرق برذاذ الطبخ أو زيت الزيتون ، ثم ضعه على نار عالية.

b) أضف لحم الغزال إلى المقلاة. يقلى حتى يحمر. يُرفع من المقلاة ويوضع جانباً على مناشف ورقية.

c) يُضاف الزيت وجميع الخضار ويُقلى حتى ينضج.

d) يُضاف لحم الغزال والملح والفلفل والماء.

e) يُغلى المزيج ويُترك على نار خفيفة لمدة 5 دقائق.

f) املأ برطمانات نظيفة وساخنة حتى مليئة بالمكونات الصلبة.

g) سائل مغرفة إلى البرطمانات تاركًا مسافة رأس 1 بوصة.

h) اضبط الأغطية وعملية.

صلصات العظام

85. صلصة تشيميشوري

مكونات:

- 1 كوب بقدونس طازج معبأ قليلاً
- نصف كوب من خل النبيذ الأحمر العضوي
- 2 فص ثوم كبير
- نصف كوب زيت زيتون بكر ممتاز
- 1 ملعقة صغيرة زعتر مجفف
- نصف ملعقة صغيرة ملح
- ملعقة صغيرة من رقائق الفلفل الأحمر
- ملعقة صغيرة فلفل أسود مطحون طازجًا
- نصف كوب مرق لحم بقري
- ¼ أفوكادو ناضج

تعليمات:

a) ضعي جميع المكونات في الخلاط ، واخلطيها لمدة 30 ثانية تقريبًا أو حتى تمتزج جميع المكونات جيدًا. إذا كانت رقيقة جدًا حسب رغبتك ، أضيفي المزيد من الأفوكادو. إذا كان سميكًا جدًا ، أضف المزيد من مرق عظام اللحم البقري.

b) صب صلصة تشيميشوري في برطمان ماسون سعة 8 أونصات. قم بتغطيته وتخزينه في الثلاجة لمدة تصل إلى أسبوعين.

86. سالسا دي جواجيلو

مكونات:
- 4 طماطم روما ، محمصة
- نصف كوب بصل أبيض مقطع
- 1 فص ثوم صغير
- كوب مرق دجاج بالعظم
- 6 فلفل غواجيلو ، محمص ومنزوع البذور
- نصف ملعقة صغيرة ملح

تعليمات:
a) يسخن الفرن إلى 350 درجة فهرنهايت. نخب طماطم روما والفلفل الحار لمدة 10 دقائق. اقلب الفلفل الحار في منتصف وقت التحميص.
b) ضع جميع المكونات المحضرة في الخلاط أو معالج الطعام. تخلط جيدا.
c) استخدم مصفاة لتصفية أي قطع صلبة لضمان صلصلة ناعمة إذا أردت. (عادةً ما أتخطى هذه الخطوة.)

87. صلصة فيردي

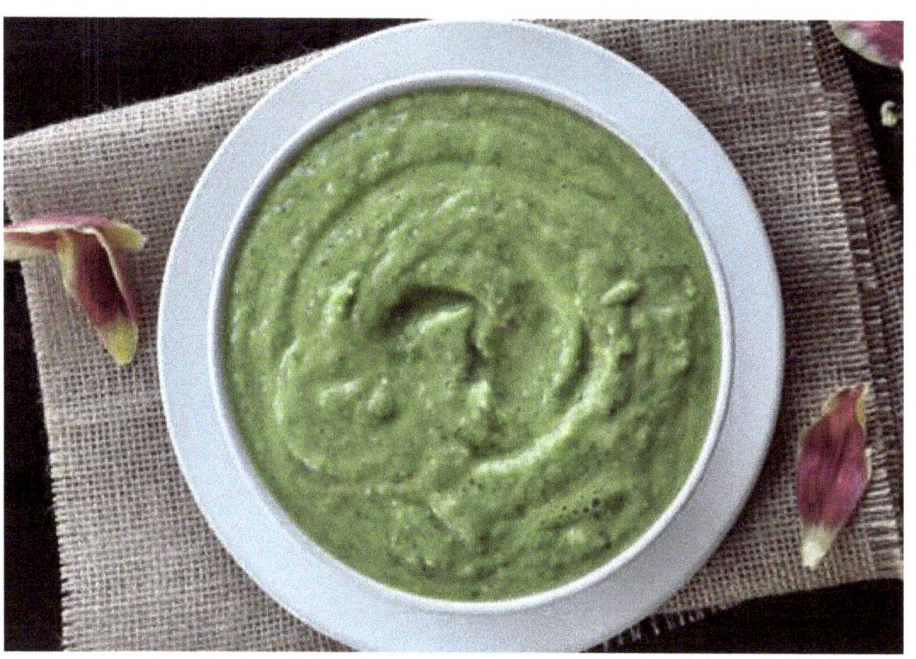

مكونات:
- 8 أوقية من الطماطم (تسمى عادة الطماطم الخضراء)
- 2 أفوكادو
- 5 فلفل سيرانو
- نصف ملعقة صغيرة ملح
- نصف كوب بصل أبيض مقطع
- كوب كزبرة ، معبأ بشكل فضفاض
- 1 كوب مرق دجاج عظم

تعليمات:
a) ضع جميع المكونات المحضرة في الخلاط أو معالج الطعام.
b) تخلط جيدا وتحفظ.

88. الصلصا دي كاكاهويت

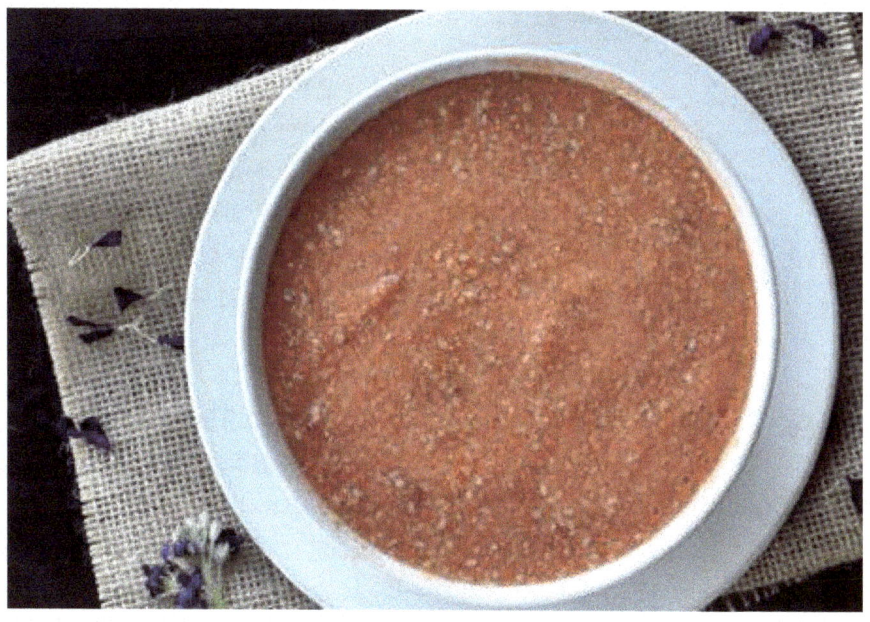

مكونات:

- 4 طماطم روما
- 1 فص ثوم
- 5 فلفل حار مجفف
- نصف كوب بصل أبيض مقطع
- نصف كوب فول سوداني محمص
- كوب مرق دجاج بالعظم
- 2 ملاعق كبيرة سمسم أبيض ، محمص
- نصف ملعقة صغيرة ملح
- 2 ملاعق كبيرة زيت زيتون

تعليمات:

a) يسخن الفرن إلى 350 درجة فهرنهايت. نخب الطماطم والفول السوداني وبذور السمسم الأبيض معًا لمدة 8-10 دقائق.

b) ضع جميع المكونات المحضرة (باستثناء زيت الزيتون) في الخلاط أو معالج الطعام. تخلط جيدا.

c) تُطهى الصلصة في زيت الزيتون على نار خفيفة لمدة 10 دقائق. دعها تبرد وتحفظ.

89. شوربة مرق حار وحامض

مكونات:

- نصف كوب فطر شيتاكي مقطع إلى شرائح
- كوب فطر إينوكي
- ½ كوب جزر ، مقطّع إلى أعواد ثقاب
- كوب من البروكلي ، مقطّع إلى أعواد الثقاب (السيقان ، وليس الزهيرات)
- 6 أكواب مرق دجاج عظم
- نصف ملعقة صغيرة سكر بني
- 3 ملاعق كبيرة خل بلسمي
- ¼ (16 أونصة) كتلة التوفو شديدة الصلابة ، مقطعة إلى شرائح
- 2 ملاعق كبيرة نشا ذرة مذابة في 12 كوب ماء بارد
- 1 بيضة مخفوقة
- نصف ملعقة صغيرة فلفل أسود مطحون
- أوراق الكزبرة الطازجة للتزيين

تعليمات:

a) ضعي فطر شيتاكي وفطر إنوكي وجزر وسيقان بروكلي ومرق عظم الدجاج في قدر كبيرة. أضيفي رشة ملح واتركيها حتى الغليان.

b) أشعل النار على نار متوسطة ، أضف السكر والخل والتوفو. يقلب بلطف.

c) حرك نشا الذرة المذاب ببطء في حساء المرق. استمر في التقليب. ستبدأ حساء المرق في التكاثف. أضيفي البيضة المخفوقة وابدئي التقليب على الفور. أطفئ النار. يجب أن تنقسم البيضة إلى قطع صغيرة جدًا تطفو على سطح حساء المرق.

d) تبّل حساء المرق بنصف ملعقة صغيرة من الفلفل الأسود المطحون أولاً. تذوق وأضف المزيد إذا رغبت في ذلك. (لقد وجدت أن ملعقة صغيرة من الفلفل الأسود مثالية لذوقي ، لكن يمكنك تعديل الكمية وفقًا لما تفضله.) طبق وزين بالكزبرة. قدميها دافئة.

90. شوربة لحم البقر المعكرونة (أسلوب سيشوان)

مكونات:

- 1 رطل لحم بقري مرق
- ربع كوب صلصة الفلفل الحار
- 4 أونصات من الجرجير
- 2 ملاعق كبيرة سكر بني
- 12-15 فطر شيتاكي
- 5 ملاعق كبيرة زيت زيتون مقسمة
- 4 بيضات مسلوقة
- يانسون 3 نجوم
- 8 أونصات شعيرية صينية ، أو رامين ، أو أودون
- 2 ملاعق صغيرة مسحوق خمس بهارات
- 1 إنش من الزنجبيل المقطع إلى شرائح
- 2 ملاعق كبيرة صلصة الصويا
- 4 فصوص ثوم مهروسة ومقطعة إلى شرائح خشنة
- 1 حبة بصل أخضر مفرومة للتزيين
- 5 أكواب مرق اللحم البقري
- زيت السمسم
- 1 ملعقة كبيرة نبيذ أحمر
- ملح وفلفل

تعليمات:

a) ضعي مرق اللحم البقري في وعاء متوسط. يضاف النبيذ الأحمر ورشة ملح وفلفل. يقلب جيدا.

b) في قدر كبير ، سخني ملعقتين كبيرتين من زيت الزيتون على نار متوسطة عالية. يُضاف اللحم البقري المُتبل ويُحرَّك حتى يتحول لون الجزء الخارجي من اللحم إلى اللون البني (حوالي 5 دقائق).

c) أضف 5 أكواب من مرق عظام اللحم في القدر. قم بتبديل الحرارة إلى درجة حرارة عالية واتركها حتى الغليان ، ثم اتركها على نار هادئة.

d) أثناء غلي اللحم ، سخني 3 ملاعق كبيرة زيت زيتون على نار متوسطة عالية في مقلاة صغيرة (حوالي دقيقتين).

e) يُضاف السكر ويُقلى حتى يبدأ في التحول إلى اللون البني ؛ أضف الآن اليانسون النجمي ومسحوق البهارات الخمس والزنجبيل والثوم ؛ يحرك لمدة 10 ثوانٍ ؛ أضف بسرعة صلصة الفلفل الحار. يقلب جيدًا ويطهى على نار خفيفة لمدة دقيقة تقريبًا.

f) انقلي خليط صلصة الفلفل الحار إلى قدر كبير ؛ أضيفي صلصة الصويا ، ثم اتركيه على نار هادئة لمدة 25 دقيقة.

g) في غضون ذلك ، اسلقي البيض. (احضر 4 أكواب من الماء ليغلي في قدر صغير ، أضف البيض برفق واتركه يغلي لمدة 4 دقيقة للبيض المسلوق أو 5 دقائق للبيض المسلوق. صفي البيض واتركه في ماء بارد لمدة 5 دقائق قبل ذلك. تقشير.)

h) بعد 25 دقيقة من الغليان ، أضيفي المعكرونة والفطر في القدر. يجلب ليغلي. بمجرد أن يغلي حساء مرق اللحم البقري ، أضف الجرجير ، ثم أطفئ النار على الفور. قلبي حتى تبدأ الخضار في الذبول.

i) للتقديم ، قسّم حساء مرق المعكرونة إلى 4 أوعية بالتساوي ؛ رش بزيت السمسم. ضع بيضة مسلوقة في كل وعاء. يرش البصل الأخضر المفروم. يتمتع!

91. فو مع نودلز الكوسة

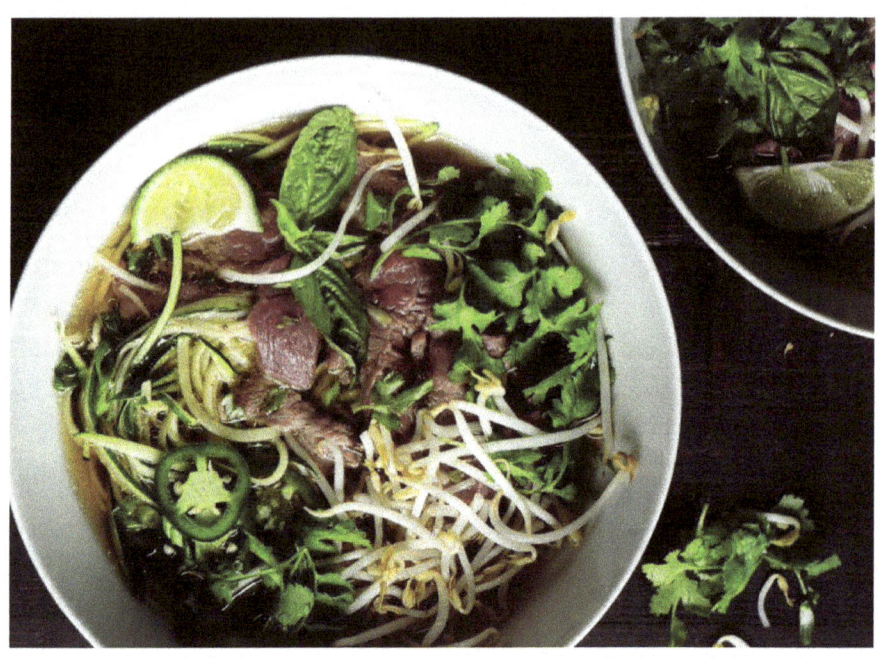

مكونات:

- ½ باوند أعلى شريحة لحم الخاصرة
- 4 كوسة
- 1 إنش من الزنجبيل الطازج المقطع إلى شرائح
- 2 عود قرفة
- 1 ملعقة كبيرة صلصة الصويا (استخدم صلصة تاماري أو أحماض جوز الهند للحصول على نسخة خالية من الغلوتين)
- 2 نجمة يانسون
- 3 فصوص كاملة
- 4 أكواب مرق اللحم البقري
- 1 ملعقة طعام صلصة سمك

للأعلى:

- 2 حفنة من براعم الفاصوليا
- مزيج أعشاب (كزبرة أو ريحان أو كليهما)
- 1 فلفل هالابينو مقطع شرائح (اختياري)
- 2 سيقان بصل أخضر مفروم
- سريراتشا ، صلصة هويسين ، ودجز ليمون للتقديم

تعليمات:

a) ضع شريحة لحم الخاصرة في الفريزر لمدة 15 دقيقة لتقطيعها بسهولة.

b) استخدم أداة حلزونية أو مقشرة جوليان لعمل نودلز الكوسة. قسمي zoodles إلى وعاءين كبيرين للتقديم.

c) في قدر متوسطة الحجم ، نخب أعواد القرفة واليانسون والقرنفل على نار متوسطة حتى تفوح رائحتها. أضيفي مرق العظام في المقلاة ، متبوعًا بالزنجبيل وصلصة الصويا وصلصة السمك. يُغلى المزيج ويُترك على نار خفيفة لمدة 10 دقائق للسماح للتوابل بالتغلغل في المرق بالكامل.

d) أخرج اللحم البقري من المجمد الخاص بك وقم بتقطيعه إلى شرائح رفيعة. قسمي اللحم البقري إلى جزأين وأضيفيهما فوق زودلز في أوعية التقديم.

e) بمجرد الانتهاء من المرق ، قسّمه أيضًا إلى جزأين واسكب المرق الساخن في أوعية التقديم. سيبدأ اللحم البقري في الطهي على الفور ، ويتغير اللون.

f) ضعي فوق البطاطس براعم الفاصوليا ، والأعشاب الطازجة ، وشرائح الفلفل والبصل الأخضر ، ورشي عليها صلصة السراتشا أو / وصوص هويسين ، ثم اعصري القليل من عصير الليمون فيها واسكبيها!

92. شوربة مرق الرافيولي بالنقانق واللفت

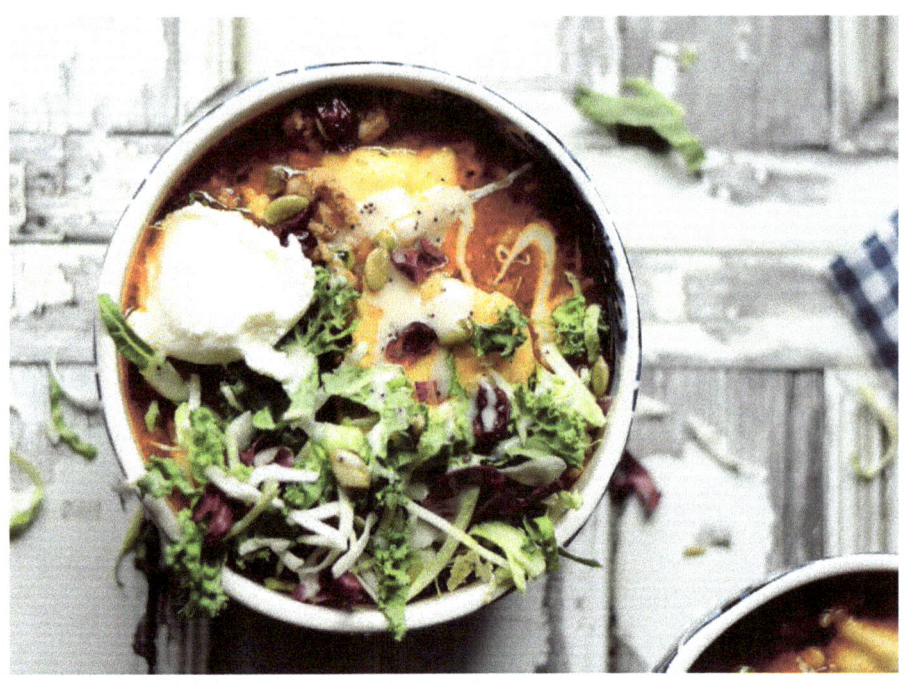

مكونات:

- نصف رطل من السجق الإيطالي الخفيف (أو الساخن) ، بدون غطاء
- نصف كوب بصل مقطع مكعبات
- 2 سيقان كرفس مقطع مكعبات
- نصف كوب جزر وبازلاء مجمدة
- 12 أوقية صلصة المعكرونة
- 4 أكواب مرق دجاج عظم (2 كرتون)
- ربع كوب طماطم مجففة
- 1 عبوة (9 أونصة) جبن رافيولي
- نصف عبوة من طقم كالي للأطفال (8 أونصة)
- 2 ملاعق كبيرة جبن ريكوتا منزوع الدسم جزئيًا

تعليمات:

a) سخن قدرًا كبيرًا على نار متوسطة إلى عالية. سجق بني لمدة 5-7 دقائق مع التحريك حتى يتفتت اللحم. اطبخ حتى لا يبقى اللون الوردي. يُضاف البصل والكرفس والجزر والبازلاء في السجق ويُطهى لمدة 4 دقائق مع التحريك كثيرًا.

b) اخفض الحرارة إلى متوسطة منخفضة. أضيفي صلصة المعكرونة ومرق عظام الدجاج والطماطم المجففة بالشمس. ينضج لمدة 8-10 دقائق مع التحريك من حين لآخر.

c) أضف الرافيولي إلى الصلصة. يُطهى لمدة 4-5 دقائق أو حتى ينضج الرافيولي.

d) للتقديم ، قسّم حساء المرق إلى طبقين للتقديم. يُغطى كل وعاء بحفنة من خضار السلطة ، ثم يُرش بإضافات السلطة ويُرش بالتتبيلة. يُنهى بملعقة كبيرة من جبن الريكوتا لكل وعاء ويقدم.

93. 15 دقيقة تركيا Pho

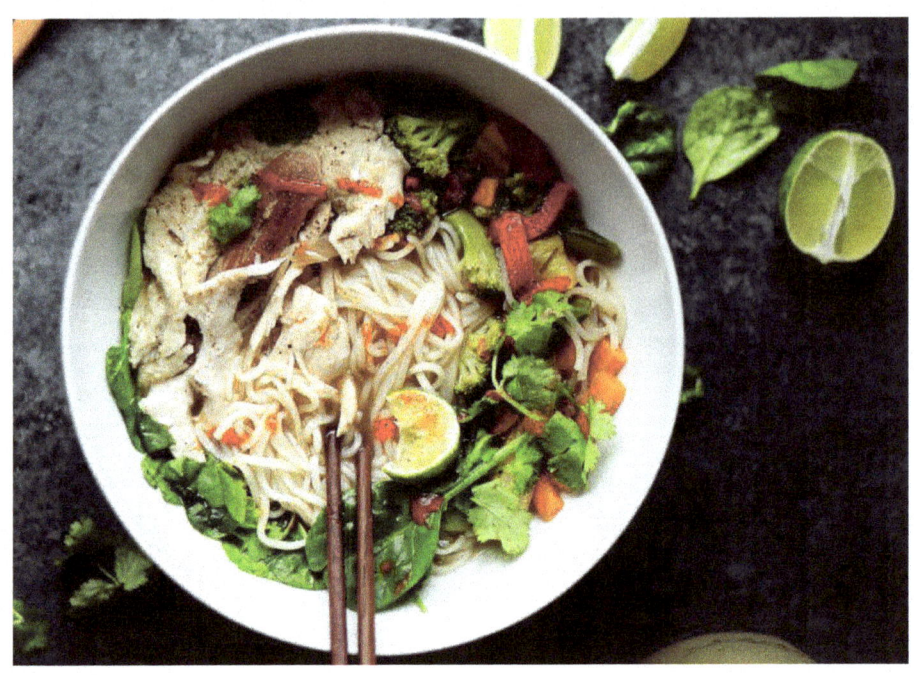

مكونات:

- 2 عود قرفة
- 2 نجمة يانسون
- 3 فصوص كاملة
- 4 أكواب مرق دجاج عظم (2 كرتون)
- 1 أونصة زنجبيل طازج مقطع إلى شرائح
- 1 ملعقة طعام صلصة سمك
- 1 ملعقة كبيرة أمينو جوز الهند أو صلصة الصويا
- 4 أونصات فو / نودلز أرز
- 2 كوب خضروات مقلية آسيوية مجمدة
- 3 أكواب متبقية من لحم الديك الرومي
- كزبرة طازجة ، ودجز ليمون ، سريراتشا أو صلصة هويسين للتقديم

تعليمات:

a) نحمص أعواد القرفة واليانسون والقرنفل في قدر متوسطة الحجم على نار متوسطة عالية حتى تفوح رائحتها ، لمدة دقيقتين تقريبًا.

b) يُضاف مرق عظم الديك الرومي أو الدجاج والزنجبيل وصلصة السمك وصلصة الصويا في القدر. يُغلى المزيج ويُترك على نار خفيفة لمدة 5 دقائق.

c) في غضون ذلك ، قم بغلي 2 ليتر من الماء في قدر آخر. أضف المعكرونة واتركها تطهى لمدة 2-3 دقائق. صفيها وانقليها إلى وعاءين للتقديم بالتساوي.

d) تجاهل التوابل من المرق. نضيف الخضار ونشعل النار. يُغلى المزيج مرة أخرى أو حتى تنضج الخضار.

e) للتقديم ، ضع نصف ديك رومي في وعاء تقديم واحد فوق المعكرونة. اسكب نصف المرق فوق الخضار. يُغطى بالكزبرة الطازجة ، صلصة سريراتشا و / أو صلصة الهويسين. أضف القليل من عصير الليمون الطازج وقدميه. افعل نفس الشيء مع الوعاء الآخر. يتمتع!

94. شوربة مرق البصل الفرنسية بطيئة الطبخ

مكونات:

- 3 أرطال بصل أصفر مقشر ومقطع إلى شرائح
- 2 ملاعق كبيرة زيت زيتون
- 1 ملعقة صغيرة ملح ، بالإضافة إلى المزيد حسب الرغبة
- فلفل أسود مطحون طازجاً
- 2 ملاعق كبيرة خل بلسمي
- 10 أكواب مرق اللحم البقري
- 3 ملاعق كبيرة شيري (اختياري)
- لتجميع حساء المرق:
- 6 شرائح باغيت لكل وعاء
- 1 إلى 2 كوب جبن جروير مبشور أو مقشر
- البقدونس المفروم للتزيين

تعليمات:

a) ضع البصل في قدر بطيء سعة 6 لتر. يقلب في الزبدة وزيت الزيتون. يتبل بالملح والفلفل. يغطى ويطهى على نار خفيفة لمدة 12 ساعة.

b) أضف الخل البلسمي ومرق عظام اللحم في قدر الطهي البطيء. أضف شيري إذا كنت تستخدم.

c) غطي المزيج واطهيه على نار هادئة لمدة 6-8 ساعات أخرى.

d) يسخن الفرن إلى 350 درجة فهرنهايت.

e) قسمي الحساء والبصل وضعيهما في أوعية آمنة للفرن وضعيهما على صينية خبز.

f) ضع فوق كل وعاء شريحة من الخبز المحمص وكمية كبيرة من جبن جروير المبشور أو المبشور.

g) اخبزيها على رف في الثلث العلوي من الفرن لمدة 20-30 دقيقة أو حتى تذوب الجبن.

h) قم بتبديل الفرن إلى الشواء واشوي حساء المرق لمدة 2-3 دقائق حتى يصبح الجبن بنيًا.

i) يُزين بالبقدونس المفروم ويُقدّم ساخناً.

95. شوربة مرق دجاج في وعاء واحد

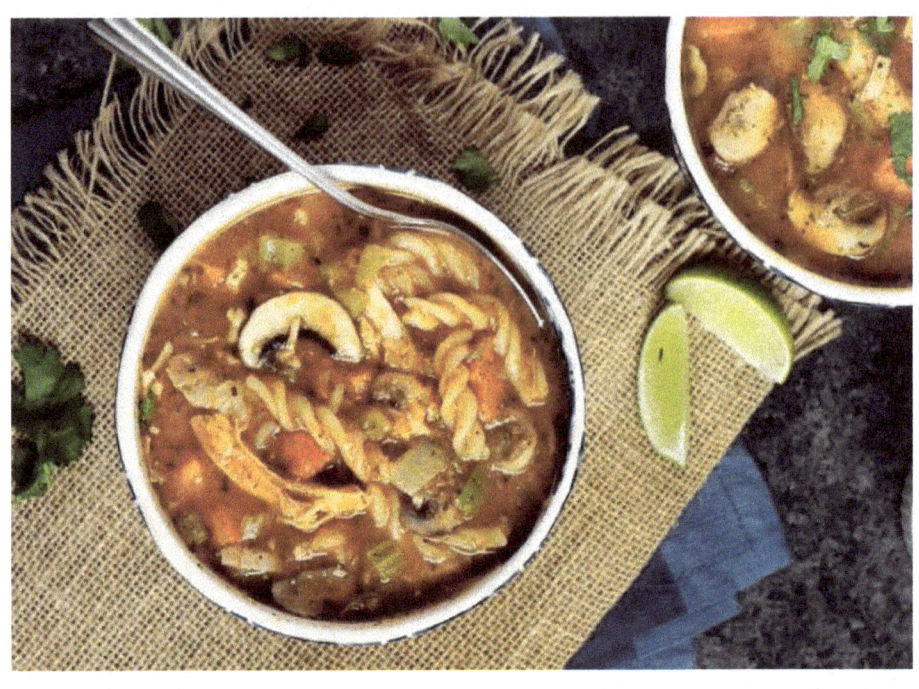

مكونات:
- ● 2 ملاعق كبيرة زيت زيتون
- ● 1 بصلة كبيرة مقطعة مكعبات
- ● 2 كوب جزر مقطع إلى مكعبات
- ● الملح كوشير
- ● 3 فصوص ثوم مفروم
- ● 3 أعواد كرفس مقطع إلى مكعبات
- ● 1 فليفلة خضراء مقطعة مكعبات
- ● 8 أونصات فطر مقطع إلى شرائح
- ● 4 أكواب مرق دجاج عظم (2 كرتون)
- ● 2 كوب صلصة حمراء
- ● 2 كوب صلصة خضراء
- ● 1 ملعقة صغيرة ريحان مجفف
- ● 8 أونصات من نودلز البيض (اختياري)
- ● 4 أكواب من الدجاج المشوي ، مقطعة أو مقطعة إلى قطع صغيرة
- ● أسافين الكزبرة والليمون الطازجة للتقديم

تعليمات:
a) في قدر كبير مرق حساء ، سخني زيت الزيتون على نار متوسطة عالية. أضيفي البصل والجزر ، متبوعًا بقليل من الملح. يُقلى البصل حتى يصبح شبه شفاف ويبدأ الجزر في النضوج ، حوالي 5 دقائق. يقلب في الثوم ويطهى حتى تفوح رائحته ، حوالي 30 ثانية.

b) أضف الكرفس والفلفل الحلو والفطر في القدر. يُسكب مرق الدجاج فوق الخضار ويُضاف الصلصة الحمراء والصلصة الخضراء.

c) يضاف الريحان المجفف ويخلط.

d) بدون النودلز: يُغلى المزيج على نار هادئة ، ويُغطى ويُطهى على نار متوسطة لمدة 15 دقيقة أو حتى

e) الخضار طرية. مع النودلز: يُغلى المزيج ويُضاف المعكرونة ويُطهى على نار عالية لمدة 8-10 دقائق حتى تنضج النودلز. يجب أن تكون الخضار طرية بحلول ذلك الوقت.

f) كشف ، خفض الحرارة إلى متوسطة منخفضة. أضيفي الدجاج واتركي الدجاج يسخن مع التحريك من حين لآخر. تذوق ، أضف المزيد من الملح إذا رغبت في ذلك.

g) ازالة من الحرارة. طبق وزين بأوراق الكزبرة الطازجة. تقدم مع أسافين الليمون. يتمتع!

96. حساء الخضار التايلاندية الأصيلة

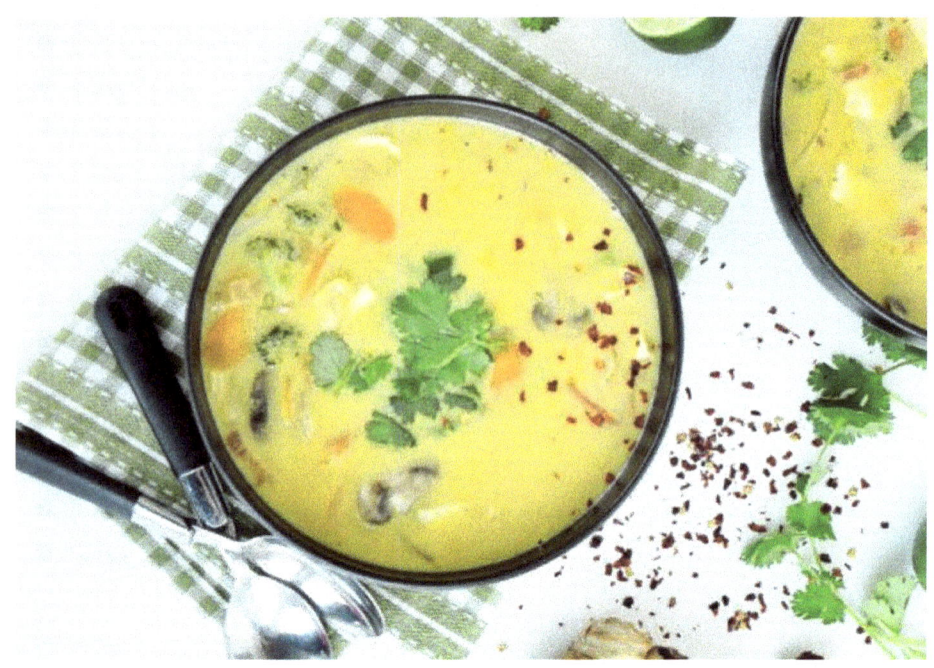

مكونات:

- 1 علبة (13.66 أوقية) من حليب جوز الهند غير المحلى
- 2 كوب مرق دجاج عظم (1 كرتون)
- ½ كوب يقطين مهروس (اختياري)
- نصف كوب خولنجان مقطع
- 1 ساق ليمون ، مقطعة إلى قطع بطول 1 بوصة
- نصف كوب بصل مقطع
- 1 كوب زهيرات بروكلي مفرومة
- ½ كوب جزر مقطع شرائح
- ½ كوب توفو مقطّع إلى شرائح
- 1 طماطم روما مقطعة إلى شرائح
- 1 كوب فطر مقطع شرائح
- 2 ملاعق كبيرة صلصة السمك (أو صلصة الصويا أو جوز الهند أمينوس)
- 1 ملعقة صغيرة سكر بني
- ملح للتذوق
- 2 ملاعق كبيرة عصير ليمون
- 1 حبة بصل أخضر مفرومة ناعماً
- ملعقة صغيرة من رقائق الفلفل الأحمر
- أوراق الكزبرة الطازجة للتزيين وأوتاد الليمون للتقديم

تعليمات:

a) اخلطي حليب جوز الهند ومرق عظم الدجاج وبيوريه اليقطين في قدر كبير. اثارة وتقديمهم ليغلي.
b) يُضاف الخولنجان والليمون والبصل والبروكلي والجزر في القدر. يُطهى على نار عالية لمدة 2-3 دقائق أو حتى تفوح رائحته.
c) أضف التوفو والطماطم والفطر. جلب ليغلي مرة أخرى. الاستمرار في الطهي حتى تنضج الخضار.
d) تبليها بصلصة السمك (صلصة الصويا أو أحماض جوز الهند) والسكر ورشة ملح حسب الرغبة.
e) أطفئ النار. تجاهل الليمون وعشب الخولنجان. يُضاف عصير الليمون الحامض والبصل الأخضر والفلفل الحار.
f) طبق وزين بأوراق الكزبرة. يتمتع!

97. طباخ بطيء بورش لحم البقر على طريقة شنغهاي

مكونات:

- 2 ملاعق كبيرة زيت زيتون
- 2 كوب مرق اللحم البقري (1 كرتون)
- 2 ملاعق كبيرة زبدة
- علبة 1 (6 أونصة) معجون طماطم
- كوب دقيق لجميع الأغراض
- 1 (14.5 أونصة) علبة طماطم مقطعة
- 1 بصلة متوسطة مقطعة إلى شرائح
- 1 ورقة غار
- 1 رطل لحم بقري مرق
- 1 ملعقة صغيرة ملح
- 2 سيقان كرفس مفروم
- 2 ملاعق كبيرة سكر بني
- 1 كوب جزر مفروم
- ملعقة صغيرة فلفل أسود مطحون
- 1 حبة بطاطا كبيرة مقطعة إلى مكعبات
- 3 أكواب من الكرنب الأخضر، مقطع إلى شرائح رفيعة
- 4 فص ثوم مفروم
- ريحان طازج مفروم للتزيين

تعليمات:

a) اصنع رو عن طريق إذابة الزبدة بزيت الزيتون على نار متوسطة في مقلاة. بمجرد ذوبان الزبدة تمامًا، خففي الحرارة إلى درجة منخفضة، وأضيفي الدقيق؛ يقلب باستمرار حتى يمتزج الخليط ويصبح ناعمًا.

b) يضاف البصل إلى الرو. زيادة الحرارة إلى درجة حرارة متوسطة إلى عالية. يقلب حتى يصبح البصل مغطى جيدًا ورائحة؛ نقل الخليط إلى طباخ بطيء.

c) ضع جميع المكونات الأخرى ما عدا الملفوف في الطباخ البطيء. يقلب جيدا، يغطى، ويطهى على نار خفيفة لمدة 8 ساعات.

d) أضف الملفوف، وقم بتبديل قدر الطهي البطيء إلى الإعداد العالي. يُطهى لمدة 30 دقيقة إضافية أو حتى ينضج الملفوف.

e) تذوق وأضف المزيد من الملح أو السكر إذا رغبت في ذلك. طبق وزين بالريحان وقدميه مع خبزك المفضل.

98. طباخ بطيء شوربة البازلاء

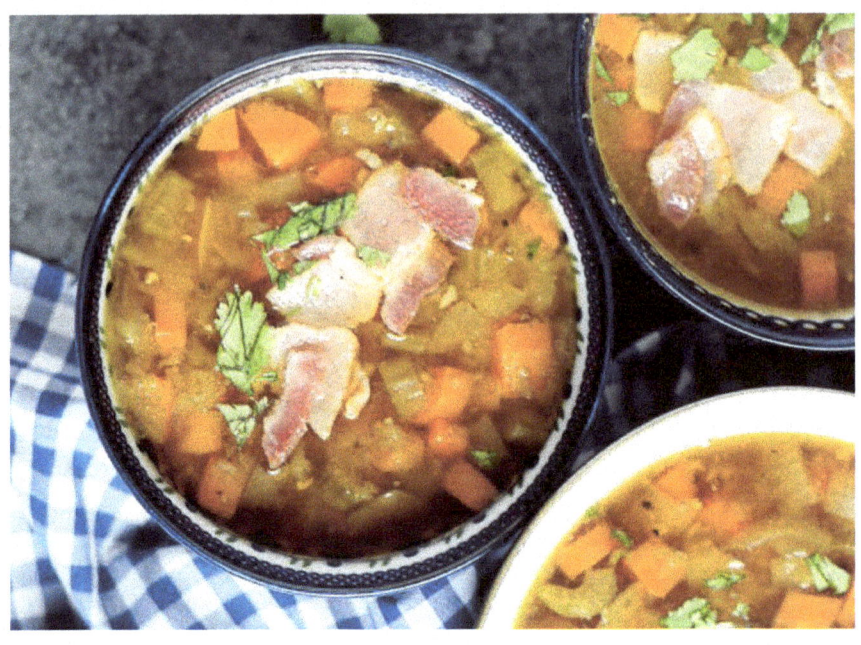

مكونات:

- 1 كوب بصل أصفر مقطع إلى مكعبات
- 2 فص ثوم مفروم
- ملعقة صغيرة زعتر مجفف
- 1 ملعقة صغيرة ملح كوشير
- 1 ملعقة صغيرة فلفل أسود مطحون
- 2 كوب جزر مقطع إلى مكعبات
- 1 كوب بطاطا حمراء مقطعة مكعبات
- 1 كوب كرفس ، مقطع مكعبات
- 1 رطل من البازلاء المجففة
- 8 أكواب مرق اللحم البقري (4 كرتون)
- قطع لحم مقدد مطبوخة للتقديم وكزبرة مفرومة للتزيين

تعليمات:

a) ضع جميع المكونات في قدر بطيء سعة 4 لتر (أو أكبر). يغطى ويطهى على نار خفيفة لمدة 8-10 ساعات.

b) تذوق لضبط النكهة عن طريق إضافة المزيد من الملح إذا رغبت في ذلك.

c) تُسكب في أطباق التقديم وتُغطى بقطع لحم الخنزير المقدد المطبوخ وأوراق الكزبرة الطازجة قبل التقديم.

d) يتمتع!

99. شوربة مرق ونتون الكلاسيكية

مكونات:
- 40 لفاف فطيرة باللحم كبير

لحشوة الونتون - الروبيان:
- 20 جمبري متوسط الحجم مقشر ومنزوع الزعانف ومقطع إلى نصفين بالطول
- ملعقة صغيرة ملح كوشير
- ملعقة صغيرة نشا
- 1 ملعقة صغيرة زيت زيتون بكر ممتاز

لحشوة وونتون - لحم الخنزير:
- 1 باوند 80٪ لحم خنزير مفروم قليل الدهن
- 1 ملعقة كبيرة زنجبيل طازج مفروم
- 1 ملعقة طعام من نبيذ الأرز شاوشينغ
- 2 ملاعق كبيرة صلصة الصويا الخفيفة
- 2 ملاعق صغيرة نشا ذرة
- 1 ملعقة صغيرة سكر بني
- 2 ملاعق كبيرة زيت زيتون بكر ممتاز
- نصف ملعقة صغيرة ملح كوشير مقسم
- 6 أونصات من الجرجير المفروم (حوالي 4 أكواب)

لقاعدة شوربة ونتون مرق:
- 8 أكواب مرق دجاج عظم (4 كرتون)
- 2 كوب من الجرجير أو غيرها من الخضار الخضراء المرغوبة (اختياري)
- الملح والفلفل حسب الذوق
- بصل أخضر مقطع للتزيين
- زيت الفلفل الحار أو زيت السمسم للتقطير (اختياري)

تعليمات:

a) يُمزج حشوة الجمبري المكونات: في وعاء صغير وتخلط جيدًا. اجلس جانبا.

b) يُمزج لحم الخنزير والزنجبيل ونبيذ شاوشينغ وصلصة الصويا الخفيفة ونشا الذرة والسكر في وعاء خلط كبير. يقلب جيدا.

c) أضف زيت الزيتون والملح والجرجير إلى خليط لحم الخنزير. استخدم كلتا يديك لخلط جميع المكونات معًا.

d) قم بإعداد سطح عمل مسطح عن طريق رش القليل من الدقيق. انشرها بيدك. تحضير وعاء صغير من الماء على الجانب.

e) الآن لف الونتون. ضع غلافًا مسطحًا على راحة يدك بحيث يكون الجانب الضيق مواجهًا لك. ضعي حوالي 1 ملعقة كبيرة من حشوة لحم الخنزير وضعيها في منتصف غلاف فطيرة باللحم. أضف قطعة من الجمبري في الأعلى.

f) ارفع الجانب الضيق من الغلاف واطوِه باتجاه الجانب العريض من الغلاف لتغطي الحشوة تمامًا. يجب أن يرتفع الجانب الضيق إلى النقطة التي توجد بها مساحة نصف بوصة تقريبًا على الجانب العريض.

g) اغمس إبهامك قليلاً في الماء. استخدم أصابعك لقرص الحواف الضيقة والعريضة للأغلفة معًا حول الحشوة ، ثم ثني فطيرة باللحم في شكل قبعة الممرضة ، باستخدام إبهامك المبلل للضغط على الطرفين معًا.

h) كرر ذلك مع باقي الأغلفة وضع الفطائر على سطح العمل في طبقة واحدة مع مسافة صغيرة بين كل واحدة.

i) احضر قدرًا كبيرًا من الماء ليغلي ، أضف عدد فطائر الونتون التي تريد طهيها. اتركها تغلي لمدة 5 دقائق حتى تطفو. تذوق واحدة لترى ما إذا كانت الحشوة قد نضجت بالكامل.

j) في نفس الوقت ، أحضر مرق عظام الدجاج (2 كوب لكل 10-12 فطيرة باللحم) ليغلي في قدر آخر. أضف بعض الجرجير أو الخضار الخضراء التي تفضلها ، مثل ملفوف بوك تشوي الصغير. اطبخي حتى تذبل الخضار ، لمدة 1-2 دقيقة. اضف الملح والفلفل للمذاق.

k) انقلي قاعدة حساء المرق إلى وعاء التقديم ، وضعي فطائر الونتون المطبوخة في الوعاء باستخدام ملعقة مثقوبة. يُزين بالبصل الأخضر المفروم ويُرش بزيت الفلفل الحار أو زيت السمسم إذا رغبت في ذلك. يتمتع!

100. حساء البطلينوس من نيو إنجلاند

مكونات:

- 7-6 شرائح لحم الخنزير المقدد ، مقطعة إلى قطع صغيرة
- 3 ملاعق كبيرة طحين
- 1 رطل بطاطس حمراء أو صفراء
- 1 كوب كريمة ثقيلة
- 1 بصلة بيضاء متوسطة الحجم ، مقطعة إلى مكعبات
- 1 كوب حليب مقسم
- علبة واحدة (10 أوقية) من المحار الصغير
- 1 كوب مرق عظم دجاج مقسمة
- 2 سيقان كرفس مفروم ناعم
- 3 ملاعق كبيرة زبدة غير مملحة
- 1 ملعقة صغيرة من عشبة الشبت
- الملح والفلفل حسب الذوق

تعليمات:

a) في قدر متوسطة الحجم ، يُطهى لحم الخنزير المقدد على نار متوسطة حتى يصبح مقرمشًا. يقلب من حين لآخر (حوالي 10 دقائق).

b) أثناء طهي لحم الخنزير المقدد ، اصنع كريمة مرق الكرفس. في مقلاة متوسطة الحجم ، تذوب الزبدة على نار متوسطة. يضاف كوب بصل مقطع ويقلى حتى تفوح رائحته (5-3 دقائق).

c) أضف الكرفس إلى المقلاة. يقلب ويطهى لمدة 2-3 دقائق.

d) يرش بالدقيق ويقلى بالبصل والكرفس لمدة دقيقة أو دقيقتين.

e) خفقت مع نصف كوب من الحليب كامل الدسم وربع كوب مرق الدجاج. يُترك على نار خفيفة ويُطهى لمدة 5-8 دقائق حتى يصبح سميكًا.

f) بينما يغلي حساء كريمة الكرفس ، يجب أن يكون لحم الخنزير المقدد جاهزًا. يُقلب باقي البصل في القدر ويُطهى حتى يصبح شفافًا.

g) نضيف العصير من المحار ونصف كوب مرق الدجاج ثم البطاطس. غطي البطاطس واطهيها على نار متوسطة حتى تنضج الشوكة (حوالي 15-20 دقيقة). يقلب من حين لآخر.

h) أثناء طهي البطاطس ، تحقق من شوربة مرق الكرفس وأكملها.

i) بمجرد أن تنضج البطاطس ، أضيفي المحار ، كريمة شوربة الكرفس ، نصف كوب حليب ، كريمة ثقيلة وعشب الشبت. قلّب كل شيء معًا باستمرار واطبخ حساء الشودر على نار متوسطة منخفضة لمدة 5 دقائق أخرى. اضف الملح والفلفل للمذاق. يخدم.

خاتمة

إن تغذية العظام ليس مجرد كتاب طبخ ، ولكنه دليل لنمط حياة أكثر صحة وإشباعًا. مع 100 وصفة شهية ، كل منها مصحوبة بصورة ملونة جميلة ، يوفر كتاب الطبخ هذا الإلهام والإرشاد لإعداد وجبات لذيذة ومغذية تغذي جسدك وروحك.

أثناء استكشافك للوصفات المختلفة ، سوف تكتشف فوائد مرق العظام وكيف يمكن أن تحسن صحتك العامة ورفاهيتك. سوف تتعلم أيضًا كيفية دمج مرق العظام في نظامك الغذائي اليومي بعدة طرق إبداعية ولذيذة.

بحلول الوقت الذي تصل فيه إلى نهاية كتاب الطبخ هذا ، ستكون قد اكتسبت تقديرًا جديدًا لقوة الشفاء لمرق العظام والإمكانيات اللانهائية التي يقدمها. سواء كنت طباخًا مبتدئًا أو خبيرًا ، فإن تغذية العظام ستصبح مورداً قيماً ستعود إليه مراراً وتكراراً.

نعلم جميعًا أن العظام هي مستودعات للمواد الغذائية الأساسية مثل الكالسيوم والمغنيسيوم. كما أنها مصدر للكولاجين والجيلاتين ، وهما عنصران مغذيان يمكن أن يحدثا فرقًا كبيرًا في صحة الجلد والمفاصل والأمعاء.

يساعد غلي العظام لمدة 20 ساعة على الأقل على إطلاق الأحماض الأمينية البرولين والجليسين والجلوتامين ، والتي تدعم صحة المفاصل والأمعاء وتساعد في تقليل الالتهابات الجهازية. والأفضل من ذلك كله ، أن الغليان المطول يسمح لجميع العناصر الغذائية المفيدة في مرق العظام أن تصبح أكثر توفرًا بيولوجيًا ، مما يعني أنه من السهل جدًا على أجسامنا هضمها وامتصاصها.

Ingram Content Group UK Ltd.
Milton Keynes UK
UKHW021818170723
425310UK00005B/54

9 781835 008607